Elogio de *Una guía sobre el arte de perderse*

«El libro más personal de esta indispensable escritora californiana, más sintonizada que nunca con los matices del mundo natural, aunque atenta a las provocaciones de su propio corazón y de su historia».
San Francisco Chronicle

«Una amalgama sugestiva de memorias, especulaciones filosóficas, saber popular, historia cultural y crítica de arte».
Los Angeles Times

«Un conjunto de ensayos sublime. (...) ella ve en el acto de acoger lo desconocido un umbral hacia la trascendencia».
Brainpickings

«Esta meditación sobre los placeres y los terrores de perderse es (...) una serie de peregrinaciones que llevan a los lectores a vistas inesperadas».
The New Yorker

«Una oda al extravío y al descubrimiento de lo que yace al otro lado de la familiaridad. Para Solnit (...) perderse es más que una circunstancia física. Es un estado de la mente que debemos acoger y explorar, una invitación a descubrir más sobre nosotros mismos en relación con el resto del mundo».
The Dallas Morning News

Una guía
sobre el arte de perderse

Título de la edición original: *A Field Guide to Getting Lost*
Primera edición en Argentina, febrero de 2020
Cuarta reimpresión, abril de 2022

© Rebecca Solnit, por el texto
© Clara Ministral, por la traducción
La presente edición ha sido licenciada a Fiordo Editorial por el propietario de los
derechos en español, Capitán Swing, por mediación de Oh!Books agencia literaria.
© de esta edición, Fiordo, 2022
Tacuarí 628 (C1071AAN), Ciudad de Buenos Aires, Argentina
correo@fiordoeditorial.com.ar
www.fiordoeditorial.com.ar

Dirección editorial: Julia Ariza y Salvador Cristofaro
Diseño de cubierta: Pablo Font
Revisión y corrección: Renata Prati

ISBN 978-987-4178-43-5
Hecho el depósito que establece la ley 11.723

Solnit, Rebecca
Una guía sobre el arte de perderse / Rebecca Solnit. - 1a ed. 3a reimp. -
Ciudad Autónoma de Buenos Aires: Fiordo, 2022.
192 p.; 22,5 x 14,5 cm.
Traducción de: Clara Ministral.
ISBN 978-987-4178-43-5
1. Ensayo Literario. I. Ministral, Clara, trad. II. Título.
CDD 814

Rebecca Solnit

Una guía
sobre el arte de perderse

Traducción de
Clara Ministral

La puerta abierta

La primera vez que me emborraché fue con el vino de Elías. Tendría unos ocho años. Fue durante la Pascua, la festividad que conmemora la huida de los judíos de Egipto y en la que se invita al profeta Elías a entrar en casa. Yo estaba sentada en la mesa de los mayores porque cuando mis padres se juntaban con aquella otra pareja éramos cinco chicos y una chica, y los adultos habían decidido que era mejor que me ignorara su generación antes que la mía. El mantel era rojo y naranja y estaba abarrotado de copas, platos, bandejas, cubiertos y velas. Tomé por error la copa colocada para el profeta, que estaba al lado de mi vasito de vino dulce de color rojo rubí, y la bebí entera. Cuando al cabo de un rato mi madre se dio cuenta, me tambaleé y sonreí un poco, pero al ver su cara de disgusto intenté aparentar sobriedad y que no se notara que estaba achispada.

Mi madre era católica no practicante y la otra mujer había sido protestante, pero sus maridos eran judíos y a ellas les parecía bien mantener la tradición por los hijos, así que en la mesa de Pascua se ponía la copa de vino para Elías. Según algunas versiones, el profeta regresará a la Tierra al final de los tiempos y contestará todas las preguntas incontestables. Según otras, anda vagando por el mundo vestido con harapos, respondiendo a las preguntas difíciles de los estudiosos. No sé si también seguíamos el resto de la tradición y dejábamos una puerta abierta para que entrara, pero puedo imaginarme la puerta principal, de color naranja, o una de las puertas corredizas de vidrio que daban al jardín de la casa, situada en un pequeño valle, abiertas al aire fresco de la noche primaveral. Normalmente cerrábamos las puertas con llave, a pesar de que en nuestra calle en el extremo norte de aquel condado nunca aparecía nada inesperado aparte de algún animal salvaje: ciervos que daban suaves golpecitos en el asfalto por la madrugada, mapaches y zorrinos que se escondían entre los arbustos. Dejar la puerta abierta a la noche, a la profecía y al fin de los tiempos habría sido una excitante transgresión de la costumbre. Tampoco puedo recordar a qué nuevas sensaciones me abrió la puerta el vino; quizá hizo más placentero el no formar parte de la conversación que estaba teniendo lugar, quizá provocó una sensación de ligereza en aquel pequeño cuerpo para el que la gravedad de este planeta de tamaño medio se había vuelto algo tangible de repente.

Dejar la puerta abierta a lo desconocido, la puerta que da a la oscuridad. Es de ahí de donde vienen las cosas más importantes, de donde venimos nosotros mismos y también a donde iremos. Hace tres años di un taller en las Rocosas. Una alumna trajo una cita que dijo que era del filósofo presocrático Menón. Decía así: «¿Cómo emprenderás la búsqueda de aquello cuya naturaleza desconoces por completo?». La copié y me ha acompañado desde entonces. Esta alumna hacía grandes fotografías transparentes de figuras que nadaban bajo el agua y las colgaba del techo dejando que la luz pasara a través de las imágenes, de tal forma que, si andabas entre ellas, las sombras de los nadadores se desplazaban por tu cuerpo y el propio espacio se volvía acuático y misterioso. La pregunta que trajo esta alumna me pareció la pregunta táctica fundamental de la vida. Las cosas que deseamos son transformadoras, y no sabemos, o bien solo creemos que sabemos, qué hay del otro lado de esa transformación. El amor, la sabiduría, la gracia, la inspiración: ¿cómo emprender la búsqueda de cosas que, en cierto modo, tienen que ver con desplazar las fronteras del propio ser hacia territorios desconocidos, con convertirse en otra persona?

En el caso de los artistas de cualquier tipo, sin duda es lo desconocido, esa idea, forma o historia que todavía no ha llegado, lo que hay que encontrar. La labor de los artistas es abrir puertas y dejar entrar las profecías, lo desconocido, lo extraño; es de ahí de donde vienen sus obras, aunque su llegada marque el comienzo del largo y disciplinado proceso mediante el cual las hacen suyas. También los científicos, como señaló en una ocasión J. Robert Oppenheimer, «viven siempre "al borde del misterio", en la frontera de lo desconocido». Pero los científicos transforman lo desconocido en conocido, lo capturan como los pescadores capturan los peces con sus redes; los artistas, en cambio, te adentran en ese oscuro mar.

Edgar Allan Poe afirmó: «Todas las experiencias en el ámbito del descubrimiento filosófico nos enseñan que, en esa clase de descubrimiento, son los elementos imprevistos lo que debemos calcular principalmente».[1] Poe yuxtapone a propósito la palabra «calcular», que implica un cómputo objetivo de hechos o cantidades, con los «elementos imprevistos», aquello que no se puede medir ni contar, solo intentar predecir. ¿Cómo se calculan los elementos imprevistos? Parece tener que ver con el arte de reconocer el rol de lo imprevisto, de no perder el equilibrio ante las sorpresas, de colaborar con el azar, de admitir que en el mundo existen algunos misterios esenciales y, por lo tanto, que los cálculos, los planes, el control tienen un límite. Calcular los elementos imprevistos quizá sea precisamente la operación paradójica que la vida más nos exige que hagamos.

En una célebre noche del solsticio de invierno de 1817, el poeta John Keats iba charlando con unos amigos de regreso a

---

1 Edgar Allan Poe, «The Daguerreotype» [1840], incluido en Jane M. Rabb, *Literature and Photography. Interactions 1840-1990*, Albuquerque, University of New Mexico Press, 1995, p. 5.

casa cuando «en mi mente se enlazaron varias cosas y de pronto comprendí qué cualidad es aquella que, especialmente en literatura, contribuye a formar un hombre de mérito (...). Me refiero a la "capacidad negativa", es decir, a la virtud que puede tener un hombre de encontrarse sumergido en incertidumbres, misterios y dudas sin sentirse irritado por conocer las razones ni los hechos».[2] De una forma u otra, esta idea aparece una y otra vez, como los lugares señalados como «Terra Incognita» en los mapas antiguos.

«Importa poco no saber orientarse en la ciudad», dice el filósofo y ensayista del siglo xx Walter Benjamin. «Perderse, en cambio, en una ciudad como quien se pierde en el bosque, requiere aprendizaje».[3] Perderse: una rendición placentera, como si quedaras envuelto en unos brazos, ido, absolutamente absorto en lo presente de tal forma que lo demás se desdibuja. Según la concepción de Benjamin, perderse es estar plenamente presente, y estar plenamente presente es ser capaz de sumergirse en la incertidumbre y el misterio. Y no es acabar perdido, sino perderse, lo cual implica que se trata de una elección consciente, una rendición elegida, un estado psíquico al que se accede a través de la geografía.

Aquello cuya naturaleza desconocemos por completo suele ser lo que necesitamos encontrar, y encontrarlo es cuestión de perderse. La palabra *lost*, «perdido», viene de la voz *los* del nórdico antiguo, que significa la disolución de un ejército. Este origen evoca la imagen de soldados que rompen filas para volver a casa, se dan una tregua con el ancho mundo. Algo que

---

2 John Keats, *The Complete Poetical Works and Letters of John Keats, Cambridge Edition*, Boston, Houghton, Mifflin and Company, 1899, p. 277. (Se cita traducción de Concepción Vázquez de Castro de John Keats, *Cartas*, Barcelona, Juventud, 1994, p. 29).

3 «A Berlin Chronicle», *Reflections: Essays, Aphorisms, Autobiographical Writings* (ed. de Peter Demetz), Nueva York, Schocken, 1986. (Se cita traducción de Klaus Wagner de Walter Benjamin, «Tiergarten», en *Infancia en Berlín hacia 1900*, Madrid, Alfaguara, 1982, p. 15).

me preocupa hoy en día es que muchas personas nunca disuelven sus ejércitos, nunca van más allá de lo que conocen. La publicidad, las noticias alarmistas, la tecnología, el ritmo ajetreado de la vida y el diseño del espacio público y privado se confabulan para que así sea. En un artículo reciente sobre el regreso de los animales salvajes a los barrios residenciales de los suburbios de las ciudades se hablaba de jardines nevados llenos de huellas de animales y sin rastros de la presencia de niños. Para los animales, estos barrios son un paisaje abandonado, así que deambulan por ellos con total tranquilidad. Los niños no deambulan casi nunca, ni siquiera en los lugares más seguros. A causa del miedo de sus padres a las cosas espantosas que podrían ocurrir (y que en verdad ocurren, pero muy de vez en cuando), quedan privados de las cosas maravillosas que ocurren casi siempre. En mi caso, ese deambular durante la infancia fue lo que me hizo desarrollar la confianza en mí misma, el sentido de la orientación y de la aventura, la imaginación, las ganas de explorar, la capacidad de perderme un poco y después encontrar el camino de vuelta. Me pregunto cuáles serán las consecuencias de tener a esta generación bajo arresto domiciliario.

Aquel verano en las Rocosas en que oí la pregunta de Menón, salí a dar un paseo con los alumnos por un paisaje que nunca antes había visto. Entre la blanca columnata que formaban los álamos temblones crecían unas delicadas plantas que me llegaban hasta las rodillas, de hojas verdes con forma de rombos, conchas y abanicos, y en cuyos tallos la brisa hacía mecerse unas flores blancas y violetas. El camino conducía a un río frecuentado por osos. Cuando volvimos, en la entrada al sendero había una mujer robusta y de piel morena, una mujer con la que yo había coincidido brevemente diez años antes. Que ella me reconociera y que yo la recordara fue sorprendente; que nos hiciéramos amigas tras ese segundo encuentro fue un golpe de suerte. Sallie formaba parte del equipo de búsqueda y rescate en la montaña desde hacía mucho tiempo, y aquel día, en la entrada del sendero, estaba participando en una misión de rutina, una de esas operaciones de búsqueda de senderistas que se pierden y que, según dijo, suelen aparecer cerca de donde desaparecieron. Estaba pendiente de su *walkie-talkie* y observando quién venía por aquel sendero, uno de los caminos por los que era probable que apareciera el grupo que se había perdido, y así fue como me encontró a mí. Esa zona de las Rocosas es como una tela arrugada, un abrupto paisaje de montañas y valles que se extienden en todas direcciones, en el que es fácil perderse y no muy difícil encontrar la forma de salir, si se baja hacia los caminos que discurren por el fondo de muchos de los valles. Para los propios voluntarios del equipo de búsqueda y rescate, cada rescate es un viaje a lo desconocido. Puede que encuentren una persona agradecida o un cadáver, puede que lo encuentren enseguida o tras semanas de intenso trabajo sobre el terreno, o puede que nunca lleguen a encontrar a los desaparecidos ni a resolver en absoluto el misterio de su desaparición.

Tres años más tarde volví a ese lugar para visitar a Sallie y sus montañas y preguntarle por el fenómeno de perderse. Durante esa visita, un día salimos a caminar por la Divisoria Continental, por un camino que empezaba a una altura de tres mil setecientos metros e iba ascendiendo por crestas de montañas, atravesando la tundra alpina que tapizaba el paisaje más allá de la línea arbolada. A medida que subíamos, la vista se fue extendiendo cada vez más en todas direcciones, hasta que pareció que nuestro sendero era la costura central de un mundo ribeteado en el horizonte por cordilleras azules con picos recortados. Llamar a aquel lugar la Divisoria Continental hacía que visualizaras el agua fluyendo hacia los dos océanos, la columna vertebral de las montañas extendiéndose a lo largo de casi todo el continente, que te imaginaras líneas que salían de ella hacia los puntos cardinales, que tuvieras la sensación de saber dónde te encontrabas en el sentido más metafísico, si no en el más práctico. Yo habría seguido caminando por esas alturas eternamente, pero los truenos procedentes de la masa de nubes que se había formado y la aparición de un enorme rayo llevaron a Sallie a decidir que emprendiéramos la vuelta. Cuando íbamos bajando, le pregunté por los rescates que más la habían marcado. Uno era el de un hombre al que había matado un rayo, una forma nada extraña de morir en esas cumbres y la razón por la que estábamos bajando de aquella espléndida cresta.

Luego me contó la historia de un niño de once años que se había perdido, un chico sordo que también estaba perdiendo la visión a causa de una enfermedad degenerativa que terminaría con su vida antes de tiempo. Los monitores del campamento en el que estaba habían llevado a los niños de excursión y los habían puesto a jugar a las escondidas. El niño debió de esconderse demasiado bien, dado que al final del día no fueron capaces de encontrarlo y él no supo volver. Ya de noche llamaron al equipo de búsqueda y rescate, y Sallie se adentró en la pantanosa zona con pavor, pensando que, con temperaturas casi bajo cero, sería imposible que encontraran otra cosa que un cadáver. Buscaron por toda la zona y, justo cuando el sol empezaba a asomar por el horizonte, Sallie oyó un silbido y se dirigió corriendo al lugar del que procedía. Era el niño, que tiritaba y tocaba un silbato, y ella lo abrazó y después se quitó casi toda la ropa que llevaba para ponérsela encima al pequeño. El niño había hecho justo lo que debía; el ruido de la corriente de agua había impedido que los monitores oyeran el sonido del silbato, pero él había seguido silbando hasta que se había hecho de noche, luego se había acurrucado entre dos árboles caídos y, en cuanto amaneció, había empezado a tocar el silbato otra vez. Irradiaba felicidad por que lo hubieran encontrado, y Sallie lloró de la emoción de haberlo hecho.

Los equipos de búsqueda y rescate han hecho un arte del encontrar y una ciencia de cómo se pierde la gente, aunque el número de salidas para rescatar a personas que se han lesionado o que han terminado en un sitio del que no pueden moverse es igual o mayor que el de operaciones de búsqueda de gente que se ha perdido. Hoy en día, la explicación más sencilla de cómo se pierde la gente, en el sentido literal de la expresión, es que muchas de las personas que se pierden no van prestando atención en el momento en que se pierden, no saben qué hacer cuando se dan cuenta de que no saben volver o no reconocen que no saben volver. Hay todo un arte en el prestarle atención al tiempo, a la ruta que sigues, a los hitos del camino, a cómo si te giras para mirar atrás puedes ver las diferencias entre el camino de vuelta y el de ida, a la información que te proporcionan el sol, la luna y las estrellas para orientarte, a la dirección en la que fluye el agua, a las mil cosas que convierten la naturaleza salvaje en un texto que pueden leer quienes conocen su lenguaje. Muchas de las personas que se pierden son analfabetas en ese lenguaje, que es el de la propia tierra, o bien no se paran a leerlo. También hay otro arte, el de encontrarse a gusto en lo desconocido sin que esto cause pánico o sufrimiento, el arte de encontrarse a gusto estando perdido. Quizás esta capacidad no sea muy diferente de la habilidad para «encontrarse sumergido en incertidumbres, misterios y dudas» de la que hablaba Keats. (Los teléfonos móviles y el GPS han reemplazado esta capacidad y cada vez más gente los utiliza para pedir un rescate como quien pide una pizza, aunque aún quedan muchos lugares a los que no llega la cobertura).

Los cazadores se pierden con mucha frecuencia en esa zona de las Rocosas, según me contó una amiga de Sallie, Landon, sentada en su escritorio y rodeada de fotos de familiares y animales en el rancho que manejaba con su marido, ya que a menudo se apartan del camino cuando siguen a los animales. Me contó la historia de un cazador de ciervos que se detuvo a observar el paisaje en una meseta que hacia ambos lados tenía unas filas de picos idénticas. Desde donde se encontraba, una de las dos quedaba tapada por unos árboles, así que avanzó justo en la dirección opuesta a la que tendría que haber seguido. Convencido todo el tiempo de que en cuanto pasara la siguiente cresta, o la siguiente, llegaría a su destino, siguió caminando todo el día y toda la noche, agotándose y enfriándose. Entonces, delirante a causa de la grave hipotermia, empezó a sentirse acalorado y fue desvistiéndose y dejando un rastro de prendas de ropa que sirvió para seguirle la pista en los últimos kilómetros. Los niños, dijo Landon, sí que son buenos para perderse, porque «la clave para sobrevivir es saber que te has perdido»: no se alejan mucho, se acurrucan en algún lugar resguardado cuando cae la noche, saben que necesitan ayuda.

Landon me habló de las técnicas ancestrales y de los instintos que se necesitan en un entorno salvaje y de la asombrosa intuición de su marido, que ella consideraba tan necesaria como las técnicas específicas de orientación, rastreo y supervivencia que estudiaba ella. Una vez, su marido llegó con una moto de nieve hasta los pies de un médico que había salido a dar un paseo en un invierno cálido y se había perdido al quedar envuelto en una tormenta de nieve, pues gracias a algún instinto indefinible supo dónde estaba el hombre, congelándose en un lugar apartado del sendero, al otro lado de un prado cubierto de nieve. Un empleado del rancho comentó cuánto le había extrañado que en otro rescate, una noche en la que nevaba, se pusieran a buscar en silencio en lugar de llamar a los gritos a quien se había perdido. El ranchero no gritó porque sabía a dónde se dirigía, y se detuvo al borde de la cornisa bajo la que estaba el esquiador al que buscaban, que no podía moverse. El esquiador había intentando seguir el curso de un riachuelo, lo que normalmente es una buena técnica, pero ese arroyo se volvía cada vez más estrecho y profundo hasta convertirse en una serie de cascadas y abruptas caídas. No había podido seguir avanzando y se había quedado al pie de una de esas pendientes, hecho un ovillo con el abrigo sobre las rodillas. El abrigo mojado estaba tan congelado que casi habían tenido que picar el hielo para quitárselo.

Me formé en estos temas con un experto en actividades al aire libre que insistía en que siempre, hasta en la excursión más nimia, hay que llevar ropa para la lluvia, agua y otras provisiones, que se debe ir preparado para pasar fuera el tiempo que haga falta, pues los planes se tuercen y la única cosa segura acerca del clima es que cambia. Mis habilidades no son nada especial, pero parece que nunca llego más que a coquetear con perderme, por calles, senderos, rutas y a veces a campo traviesa, acariciando ese borde de lo desconocido que ayuda a agudizar los sentidos. Me encanta salirme del camino, trascender lo que conozco y encontrar el camino de vuelta recorriendo unos cuantos kilómetros más, por un sendero diferente, con una brújula que se riñe con un mapa, con las indicaciones contradictorias y poco rigurosas de desconocidos. Esas noches sola en moteles de pueblos perdidos del oeste donde no conozco a nadie y nadie que me conozca sabe dónde estoy, noches transcurridas en compañía de cuadros extraños, colchas de flores y televisión por cable que me ofrecen un descanso temporal de mi propia biografía y en las que, según la idea de Benjamin, me he perdido pero sé dónde estoy. Esos momentos en que mis pies o mi coche rebasan la cresta de una colina o pasan una curva y me digo: es la primera vez que veo este lugar. Esas ocasiones en que algún detalle arquitectónico o alguna vista que no había notado en todos estos años me dicen que nunca he sabido realmente dónde estaba, ni siquiera cuando estaba en casa. Esas historias que hacen que lo familiar se vuelva otra vez extraño, como las que me han revelado paisajes perdidos, cementerios perdidos, especies perdidas cerca de mi propio hogar. Esas conversaciones que hacen que todo lo demás desaparezca. Esos sueños que olvido hasta que me doy cuenta de que han influido en todo lo que he sentido y hecho a lo largo del día. Perderse de esa manera parece el primer paso para encontrar el camino o encontrar otro camino, aunque existen otras formas de estar perdido.

Da la impresión de que los pobladores de la Norteamérica del siglo XIX rara vez se perdían de una forma tan calamitosa como la de aquellos a los que encuentran, vivos o muertos, los equipos de búsqueda y rescate. Salí a buscar relatos sobre la experiencia de perderse y descubrí que desviarse de su rumbo durante un día o una semana no era ninguna catástrofe para quienes no tenían una actividad fija y sabían vivir de la tierra, seguir un rastro y guiarse por los cuerpos celestes, los cursos de agua y lo que les contaban otros a la hora de desplazarse por lugares para los que aún no existían mapas. «Nunca en la vida me he perdido en el bosque —afirmó el explorador Daniel Boone—, aunque una vez estuve confundido por tres días».[4] Para Boone esta era una distinción legítima, ya que había sido capaz de regresar a un lugar en el que se orientaba y había sabido cómo proceder hasta entonces. El célebre papel de Sacajawea en la expedición de Lewis y Clark no fue principalmente el de guía, sino que hizo que el estar perdidos fuera una situación más sostenible gracias a sus conocimientos de las plantas útiles, las lenguas, gracias a que su presencia y la de su recién nacido indicaba a las tribus con las que se encontraban que aquel grupo no venía en son de guerra, y gracias quizás a que ella sentía que todo eso era su hogar, o el hogar de alguien. Como ella, muchos de los exploradores, tramperos y pioneros blancos se encontraban cómodos en lo desconocido, ya que podían no conocer el lugar concreto en el que estaban, pero en muchos casos la naturaleza era el lugar de residencia que habían escogido. Los exploradores, me escribió el historiador Aaron Sachs en respuesta a una pregunta, «siempre estaban perdidos, ya que nunca habían estado en esos lugares. Nunca esperaban saber exactamente dónde estaban. Al mismo tiempo, sin embargo, muchos conocían muy bien su instrumental y tenían una idea bastante precisa de las trayectorias que habían seguido. En mi opinión, su habilidad más importante era sencillamente el optimismo que les hacía pensar

---

4 Citada en numerosas fuentes, hay múltiples versiones de esta frase que se cuenta que le dijo a Chester Harding, quien había acudido a retratar a Boone cuando este tenía ochenta y cinco años.

que iban a sobrevivir y encontrar el camino». El estar perdido, tal como me ayudaron a entender estas personas con las que hablé, era sobre todo un estado mental, y esta afirmación sirve tanto para todas las formas metafísicas y metafóricas en que se puede estar perdido como para el que anda desorientado por el campo.

La pregunta, entonces, es cómo perderse. No perderte nunca es no vivir, no saber cómo perderte acaba contigo, y en algún lugar de la *terra incognita* que hay en el medio se extiende una vida de descubrimientos. Además de sus propias palabras, Sachs me envió un fragmento de Thoreau, para quien moverse por la vida, la naturaleza y el sentido es el mismo arte, y quien pasa sutilmente de uno a otro en una sola frase. «Perderse en los bosques es una experiencia tan sorprendente y memorable como valiosa», escribió en *Walden*. «Solo cuando estamos totalmente perdidos —y solo hace falta hacer girar a un hombre sobre sí mismo con los ojos cerrados para que se halle desorientado en este mundo—, tomamos conciencia de la inmensidad y de la extrañeza de la naturaleza. (...) No nos encontramos a nosotros mismos hasta que no estamos perdidos, o en otras palabras, hasta que no perdemos el mundo y podemos reconocer dónde estamos y cuál es la infinita extensión de nuestras relaciones».[5] Thoreau juega con la pregunta bíblica que plantea de qué le sirve al hombre ganar el mundo entero si pierde su alma. Pierde el mundo entero, afirma, piérdete en él, y encontrarás tu alma.

«¿Cómo emprenderás la búsqueda de aquello cuya naturaleza desconoces por completo?». Tuve la pregunta de Menón en la cabeza durante años y entonces, cuando todo iba mal, mis amigos empezaron a regalarme historias, una tras otra, historias que, si no me dieron respuestas, al menos sí parecieron

---

5   Henry David Thoreau, *Walden; or, Life in the Woods*, Boston, Ticknor & Fields, 1854. (Se cita traducción de Marcos Nava García, *Walden*, Madrid, Errata Naturae, 2013, p. 182).

proporcionarme una serie de hitos e indicios. De forma inesperada, May me envió un largo pasaje de Virginia Woolf que había copiado en letras negras y redondas sobre un papel liso y grueso. Era sobre una madre y esposa a solas al final del día: «Ahora ya no tenía que pensar en nadie. Podía ser ella misma, existir por sí misma. Y de eso se sentía cada vez más necesitada últimamente: de pensar, bueno, ni siquiera de pensar. Estar callada, estar sola. Todo el ser y el quehacer, expansivos, rutilantes, alborotadores, desvanecidos; y una se reducía, con una especie de solemnidad, a ser sí misma, un núcleo de oscuridad que se insinuaba en forma de cuña, algo invisible para los demás. Aunque siguiera sentada tejiendo, con la misma postura erguida, así era que empezaba a sentirse a sí misma; y este ser despojado de sus ataduras era libre de emprender las aventuras más extrañas. Cuando la vida se sumergía un momento, el rango de experiencia parecía no tener límites. (...) Debajo todo está oscuro, todo se extiende, es inescrutablemente profundo, pero de vez en cuando nos elevamos a la superficie, y eso es lo que ven los demás. Su horizonte parecía no tener límites».

Este pasaje de *Al faro* me recordó otro texto de Woolf que ya conocía, su ensayo sobre el pasear, que decía: «Cuando salimos de nuestra casa una tarde agradable entre las cuatro y las seis, dejamos atrás el yo que conocen nuestros amigos y pasamos a formar parte de ese vasto ejército republicano de vagabundos anónimos, cuya compañía es tan agradable después de la soledad del cuarto propio. (...) En cierto modo podríamos penetrar en cada una de esas vidas, lo suficiente para alimentar la ilusión de que no estamos atados a una sola mente sino que, por unos breves instantes, podemos adoptar los cuerpos y las mentes de otros».[6] Para Woolf, perderse era más una cuestión

---

6   *Street Haunting: A London Adventure*, San Francisco, Westgate Press, 1930. (Se cita traducción de Teresa Arijón de Virginia Woolf, «Merodeo callejero: una aventura londinense», *La muerte de la polilla y otros ensayos*, Buenos Aires, La Bestia Equilátera, 2012, pp. 31, 45).

de identidad que de geografía, un ferviente deseo (incluso una necesidad imperiosa) de no ser nadie o de ser cualquier otra persona, de liberarse de las cadenas que nos recuerdan quiénes somos, quiénes los demás creen que somos. Esta disolución de la identidad les resulta familiar a quienes viajan por tierras extranjeras y lugares remotos, pero Woolf, con su aguda percepción de las sutilezas de la conciencia, podía hallarla en un paseo por su calle, en un momento de soledad en un sillón. Woolf no era una romántica, no celebraba esa forma de perderse que es el amor erótico, en el que la persona amada se convierte en una invitación a que te transformes en eso que en secreto, de manera latente, como una cigarra que espera su llamada bajo tierra durante diecisiete años, ya eres en el fondo, ese amor por el otro que es también un deseo de conectar con el misterio que eres tú mismo a través del misterio que son los demás. Su forma de perderse era solitaria, como la de Thoreau.

Malcolm, a cuento de nada, me mencionó a los wintus del centro-norte de California, que para referirse a las partes de su propio cuerpo no utilizan las palabras *izquierda* y *derecha* sino los puntos cardinales. Quedé cautivada por esa descripción de una lengua, y el imaginario cultural subyacente, en la que el yo solo existe en relación con el resto del mundo, en la que no existe un tú sin las montañas, sin el sol, sin el cielo. Como escribió Dorothy Lee: «Cuando el wintu se dirige hacia la cabecera del río, las colinas están al oeste y el río al este, y le pica un mosquito en el brazo oeste. En el camino de vuelta, las colinas siguen al oeste, pero cuando se rasca la picadura del mosquito se rasca el brazo este».[7] En esa lengua, el yo nunca está perdido como lo están muchas personas que se pierden en la naturaleza hoy en día, sin saber por dónde tienen que ir, sin atender a su relación no solo con el sendero, sino con el horizonte, la luz y las estrellas. El hablante de esa lengua, en cambio, estaría

7   Dorothy Lee, *Freedom and Culture*, Jersey, Prentice-Hall, 1959.

perdido si no tuviera un mundo con el que establecer esa conexión, se extraviaría en los limbos de la modernidad, como el
subterráneo y los centros comerciales. En wintu, es el mundo
el que es estable y el contingente eres tú, el que no es nada sin
su entorno.

No conozco otra cultura con mayor sentido de la ubicación
y la orientación, pero la lengua en la que está arraigada esa conciencia de la dirección ya casi está perdida. Hace una década
había entre seis y diez hablantes de wintu, seis personas que
dominaban una lengua en la que el yo no es la entidad autónoma que creemos ser cuando vamos por el mundo con nuestras
izquierdas y derechas. La última persona que hablaba la lengua
wintu del norte con fluidez, Flora Jones, falleció en 2003, pero
el hombre que me envió esta información por correo electró-
nico, Matt Root, mencionó que hay tres miembros del pueblo wintu y un miembro de la tribu vecina Pit River que «han
conservado parte de la antigua jerga y del sistema de pronunciación del wintu». Él mismo estudiaba la lengua y esperaba
que se impulsara su uso para que su pueblo pudiera «empezar
a establecer conexiones con su pasado a través de nuestra lengua. La visión del mundo del wintu es verdaderamente única;
es nuestra relación íntima con nuestro entorno lo que comple-
menta este carácter único, y solo mediante la reintroducción
del pueblo, el lugar, la cultura y la historia, después de tanto
tiempo, empezarán a cerrarse las cicatrices de la expulsión y de
lo que fue directamente un genocidio. Los precedentes de la
pérdida de la lengua a la que asistimos hoy en día». O como se
afirmaba en un artículo reciente sobre el centenar de lenguas
indígenas de California que están desapareciendo a pasos agi-
gantados: «Este alto grado de diferenciación lingüística podría estar relacionado con la diferenciación ecológica. Según
esta visión, los hablantes adaptaban su vocabulario a los ni-
chos ecológicos que ocupaban y la enorme diversidad ecológica de California favoreció su diversidad lingüística. Esta teoría
se ve sustentada por mapas que muestran que en las zonas con

mayores cantidades de especies animales y vegetales también hay un mayor número de lenguas».[8]

Sería lindo imaginar que hubo un tiempo en que los wintus estaban tan perfectamente ubicados en un mundo con fronteras conocidas que no sabían cómo era la experiencia de perderse, pero sus vecinos del norte, el pueblo Pit River o achumawi, sugieren que probablemente no fuera así. Un día quedé en reunirme con unos amigos para ver un espectáculo en un parque de la ciudad, pero al no encontrarlos entre el público me fui a una librería de segunda mano. Allí encontré un viejo libro en el que Jaime de Angulo, el indómito narrador y antropólogo español que hace ochenta años pasó un tiempo considerable con este pueblo, escribió: «Quiero referirme ahora a un fenómeno curioso que se da entre los indígenas Pit River. Los indígenas se refieren a ello con un término que podría traducirse como "vagar". Dicen de una persona que "está vagando" o que "ha empezado a vagar". Pareciera que, en ciertos momentos de malestar psicológico, a un individuo se le hace insoportable la vida en su entorno habitual. Ese individuo empieza a vagar. Se dedica a deambular por el campo, sin rumbo fijo. Va haciendo paradas en distintos sitios, en los asentamientos de amigos o familiares, siempre de paso, sin detenerse más de unos pocos días en ningún lugar. No da ninguna muestra externa de dolor, pena o preocupación. (...) La persona errante, hombre o mujer, evita los pueblos y asentamientos, permanece en lugares agrestes y solitarios, en las cumbres de las montañas, en el fondo de los desfiladeros».[9] Esta persona errante no es muy distinta de Woolf, quien también conoció la desesperación y el deseo de lo que los budistas llaman el no ser, deseo que

---

8 Este artículo de Kerry Tremain de septiembre de 2004, «A Faith in Words», fue publicado en la revista de ex alumnos de la Universidad de California en Berkeley, *California Monthly*.

9 Citado en la introducción de Bob Callahan a la antología por él editada, *A Jaime de Angulo Reader*, Berkeley, Turtle Island Press, 1979.

al final la llevó a meterse en un río con los bolsillos llenos de piedras. No se trata de estar perdido, sino de intentar perderte.

De Angulo continúa diciendo que ese vagar puede conducir a la muerte, a la pérdida de la esperanza, a la locura, a distintas formas de desesperación, o que puede dar lugar a encuentros con otras fuerzas en los lugares remotos a los que llega la persona errante. Concluye diciendo: «Cuando te has vuelto totalmente salvaje, es posible que algunos seres salvajes se acerquen a echarte un vistazo y quizá alguno te tome simpatía, no porque estés sufriendo y tengas frío, sino tan solo porque le gusta tu aspecto. En ese momento se acaba el vagar y el indígena se convierte en un chamán». Te pierdes porque sientes el deseo de estar perdido, pero en ese estado que denominamos perdido se encuentran cosas extrañas. «Todos los hombres blancos son personas errantes, dicen los ancianos», comenta el editor de De Angulo.

Durante aquella larga temporada en que me llovieron las historias, participé en una lectura en un bar situado en una calle que había dado al mar antes de que se ganara terreno al océano para ampliar la ciudad y poder meter unos cuantos edificios más en la cara norte de la península de San Francisco. Leí un texto breve que terminaba con un aguacero y otro sobre el mar, y a continuación fui a la barra a buscarme una bebida. Carol, la esposa del hombre que me había invitado a ir a leer, me hizo un gesto para que me sentara en el taburete a su lado y terminó contándome la historia del tatuador que durante muchos años había sido su vecino. Después de varias décadas enganchado a las drogas, se le infectó una herida que se había hecho inyectándose en la mano. Acabó en el hospital con una infección sistémica que estuvo a punto de costarle la vida y tuvieron que amputarle el brazo, el derecho, el que usaba para trabajar. Para su asombro, sin embargo, después de todo el tiempo que había pasado acercándose a las puertas de la muerte y volviendo a retroceder, el médico le dijo que estaba curado de su adicción. Salió del hospital sin oficio pero limpio, listo para empezar de cero, una salida al mundo tan abrupta y abrumadora como la de un recién nacido. Había tenido un dragón tatuado en ese brazo y ahora no quedaba nada más que la cabeza.

Mientras la llevaba a casa en coche desde el bar, mi amiga Suzie me habló del verdadero significado de la representación de la Justicia con los ojos vendados y la balanza. Suzie estaba dibujando su propia baraja de cartas de tarot y reconsideraba el contenido de cada carta antes de pintarla. Según un libro sobre la tradición clásica, la Justicia estaba a las puertas del Hades para decidir quién podía entrar, y entrar significaba haber sido elegido para mejorar como persona a través del sufrimiento, la aventura, la transformación, para emprender un camino que, a través del castigo, conducía a la recompensa que es el yo transformado. Hacía que ir al infierno pareciera otra cosa. Y también sugería que la justicia es algo mucho más complicado e incalculable de lo que a menudo nos imaginamos; que, si al final todo va a quedar compensado, ese final está más lejos de lo que pensábamos y resulta mucho más difícil de medir. También sugiere que acomodarse en una vida fácil puede ser señal de que se ha abandonado el camino. Vete al infierno, pero sigue avanzando una vez que estés ahí y sal transformado. Al final, para representar la Justicia Suzie dibujó un grupo de campistas reunidos alrededor de una hoguera, ya que decía que la justicia es ayudarnos unos a otros por el camino. Otra noche, la pareja de Suzie, David, me habló de un biólogo hawaiano al que había conocido y que se dedica a perderse a propósito en la selva para descubrir nuevas especies. La densa vegetación y los cielos encapotados hacen que la tarea resulte más fácil ahí que en la meseta del territorio de los wintus.

David llevaba años fotografiando especies en peligro de extinción en la selva de Hawái y en otros lugares, y de alguna forma parecía que sus conjuntos de fotografías y las cartas de tarot de Suzie se relacionaban. Las especies desaparecen cuando desaparece su hábitat, así que las fotografiaba sobre el vacío de un fondo negro (lo que implicaba que a veces tenía que colocar una tela de terciopelo negro en los sitios más insospechados y en los climas menos propicios), de tal forma que cada animal, cada planta, aparecía a solas delante de la negrura, como posando para un retrato formal. Las fotografías también parecían cartas, cartas de la baraja del mundo, en la que cada ser vivo describe una historia, una forma de estar en el mundo, un conjunto de posibilidades, y las cartas de esa baraja están siendo descartadas una tras otra. Las plantas y los animales también son un lenguaje, incluso en nuestros idiomas limitados y domesticados, en los que hablamos de un niño espigado o que huele a rosas, de tiburones financieros y fondos buitre, o de que alguien es la oveja negra o una mosquita muerta. Igual que las cartas de tarot, la flora y la fauna podrían leerse una y otra vez, no solo por separado sino también combinadas, en las combinaciones eternamente cambiantes de una naturaleza que cuenta sus propias historias e influye en las nuestras, una naturaleza que estamos perdiendo sin que sepamos siquiera el alcance de esa pérdida.

En verdad, el concepto de *perdido* tiene dos significados diferentes. Perder cosas tiene que ver con la desaparición de lo conocido, perderse tiene que ver con la aparición de lo desconocido. Hay objetos y personas que desaparecen de tu vista, tu conocimiento o tu propiedad: pierdes una pulsera, un amigo, la llave. Sigues sabiendo dónde estás tú. Todo lo que te rodea resulta conocido, pero hay una cosa de menos, un elemento que falta. O bien te pierdes tú, y en ese caso el mundo se ha vuelto mayor que tu conocimiento de él. En ambos casos hay una pérdida de control. Imagínate a ti mismo desplazándote a través del tiempo y dejando atrás guantes, paraguas, pinzas, libros, amigos, casas, nombres. Esa es la vista que tienes si te sientas en el sentido contrario a la marcha del tren. Si miras hacia delante, constantemente obtienes momentos de llegada, momentos de revelación, momentos de descubrimiento. El viento te echa el pelo hacia atrás y eres recibido por aquello que nunca antes habías visto. Avanzas a toda velocidad de experiencia en experiencia y lo material va quedando atrás, se desprende como la piel de una serpiente en época de muda. Por supuesto, si olvidas el pasado pierdes la sensación de la pérdida, lo que supone perder el recuerdo de una riqueza desaparecida y de una serie de pistas que te guían por el presente; no es un arte de olvidar, sino de saber dejar atrás. Y cuando todo lo demás ha desaparecido, puedes ser rico en pérdida.

Finalmente me puse a buscar a Menón. Pensaba que su pregunta formaría parte de una recopilación de aforismos o fragmentos, como los fragmentos de Heráclito. Tenía en la cabeza una imagen nítida de un libro que no existe. Había olvidado, si es que alguna vez lo había sabido, que Menón es quien da título a uno de los diálogos de Platón. Sócrates se enfrenta al sofista Menón y, como en todos los combates de boxeo amañados que escribió Platón, destroza a su contrincante. A veces, al ir caminando, veo algo que a cierta distancia parece una joya o una flor y que unos pasos más adelante resulta ser basura. Antes de revelarse por completo, sin embargo, parece algo hermoso. Lo mismo ocurre con la pregunta de Menón, aunque puede que solo en la florida traducción con la que me topé la primera vez, fuera de contexto. Sócrates contesta así a la pregunta: «Entiendo lo que quieres decir, Menón. ¿Te das cuenta del argumento tan controvertido que acabas de introducir, a saber: que al ser humano no le es posible indagar ni acerca de lo que sabe ni de lo que no sabe? En efecto: ni va a indagar sobre lo que sabe, dado que lo sabe y no tiene necesidad de indagar sobre ello; ni lo va a hacer sobre lo que no sabe, dado que desconoce sobre qué indagar».[10]

Lo importante no es que Elías alguna vez aparezca. Lo importante es que todos los años las puertas se dejen abiertas a lo oscuro. La tradición judía sostiene que algunas preguntas son

---

10 Se cita traducción de Óscar Martínez García de Platón, *Apología de Sócrates; Menón; Crátilo*, Madrid, Alianza, 2014, p. 90.

más importantes que sus respuestas, y ese es el caso de esta. La pregunta, tal como la planteó la fotógrafa del agua, fue como una campana cuyas reverberaciones permanecen mucho tiempo en el aire y se van volviendo cada vez más débiles, pero no llegan a hacer algo tan simple como detenerse. Sócrates, o Platón, parece empeñado en detenerlas. Surge la pregunta que surge con muchas obras de arte: ¿la obra significa lo que el artista pretendía que significara, el argumento de Menón significa lo que él o Platón pretendían que significara? ¿O tiene un alcance mayor del que ellos pretendían que tuviera? Y es que, al fin y al cabo, realmente no se trata de una pregunta sobre si se puede conocer lo desconocido, si es posible llegar a ese destino, sino sobre cómo emprender la búsqueda, cómo hacer el viaje.

A lo largo de casi todo el diálogo, Sócrates rebate y ataca a Menón con razonamientos lógicos, argumentos e incluso cálculos matemáticos. Para esta pregunta, sin embargo, recurre al misticismo, es decir, a una aseveración de carácter poético e imposible de corroborar. Tras su negativa inicial, añade: «Y lo que dicen es esto; mira si te parece que dicen la verdad. Aseguran que el alma del hombre es inmortal; unas veces llega a su fin —a lo que llaman morir—, otras vuelve a nacer, pero nunca perece: por ese motivo es necesario pasar la vida de la manera más santa posible, ya que aquellos de quien "Perséfone el precio de su antiguo yerro / se ha cobrado, al sol en lo alto en el año noveno / les devuelve su alma de nuevo, / para que de ellas surjan reyes gloriosos, / varones de brío pujante y grandioso saber, / a quienes por los tiempos venideros / los hombres habrán de llamar héroes sagrados". De este modo, siendo el alma inmortal y habiendo nacido muchas veces y visto todas las cosas, tanto aquí como en el Hades, no hay nada que no haya aprendido. (...) investigar y aprender es, sin más, una reminiscencia».[11] Sócrates dice que puedes conocer

11 *Ibidem*, pp. 91-92.

lo desconocido porque lo recuerdas. Ya conoces aquello que te parece desconocido; ya has estado aquí antes, solo que cuando eras otra persona. Con esto simplemente se desplaza la ubicación de lo desconocido: el desconocimiento de lo demás pasa a ser un desconocimiento de uno mismo. Menón dice: Misterio. Sócrates dice: al contrario, Misterio. Al menos eso es seguro. Puede ser una especie de brújula.

Lo que viene a continuación son algunos de mis propios mapas.

El azul de la distancia

El mundo es azul en sus extremos y en sus profundidades. Ese azul es la luz que se ha perdido. La luz del extremo azul del espectro no recorre toda la distancia entre el sol y nosotros. Se disipa entre las moléculas del aire, se dispersa en el agua. El agua es incolora, y cuando es poco profunda parece del color de aquello que tiene debajo. Cuando es profunda, en cambio, está llena de esa luz dispersa; cuanto más pura es el agua, más intenso es el azul. El cielo es azul por la misma razón, pero el azul del horizonte, el azul del lugar donde la tierra parece fundirse con el cielo, es un azul más intenso, más onírico, un azul melancólico, el azul del punto más lejano que alcanzas a ver en los lugares donde puedes abarcar grandes extensiones de terreno con la mirada, el azul de la distancia. Esa luz que no llega a tocarnos, que no recorre toda la distancia hasta nosotros, esa luz que se pierde, nos regala la belleza del mundo, que en gran parte está en color azul.

Desde hace muchos años me conmueve ese azul en el extremo de lo visible, ese color de los horizontes, de las cordilleras remotas, de cualquier cosa situada en la lejanía. El color de esa distancia es el color de una emoción, el color de la soledad y del deseo, el color del allí visto desde el aquí, el color de donde no estás. Y el color de donde nunca estarás. Y es que el azul no está en ese punto del horizonte del que te separan los kilómetros que sean, sino en la atmósfera de la distancia que hay entre tú y las montañas. «Anhelo», dice el poeta Robert Hass, «porque el deseo está lleno de distancias infinitas».[1] El azul es el color del anhelo por esa lejanía a la que nunca llegas, por el mundo azul. Una mañana húmeda y templada de principios de primavera, conduciendo por la ruta serpenteante del monte Tamalpais, la colina de casi ochocientos metros de altura que se alza justo al norte del puente Golden Gate, tomé una curva que de pronto reveló una vista azulada de San Francisco, como una ciudad de un sueño, y me invadió un intenso deseo de vivir en aquel mundo de colinas azules y edificios azules, a pesar de que es donde vivo, acababa de salir de ahí después de desayunar; y el marrón del café, el amarillo de los huevos y el verde de los semáforos no me habían hecho sentir ese deseo, aparte de que tenía muchas ganas de ir a caminar por la ladera occidental de la montaña.

Tratamos el deseo como si fuera un problema a resolver; nos centramos en aquello que deseamos y ponemos la atención en lo deseado y en cómo conseguirlo en lugar de en la naturaleza de ese deseo, su sensación, aun si a menudo es la distancia que existe entre nosotros y el objeto de deseo lo que llena el espacio entre ambos con el azul del anhelo. A veces me pregunto si, con un ligero ajuste de la perspectiva, podríamos valorar el deseo como una sensación en sí misma, ya que es tan inherente a la condición humana como el azul lo es a la distancia; si es posible contemplar la distancia sin querer recortarla, apropiarnos del anhelo tal como nos apropiamos de la belleza de ese azul que en verdad no se puede poseer. Y es que, como sucede con el azul de la distancia, la consecución y la llegada solo

---

1   «Longing, we say, because desire is full of endless distances». Robert Hass, «Meditations at Lagunitas», *Praise*, Nueva York, Ecco Press, 1990. (Se cita traducción de Andrés Catalán, «Meditación en Lagunitas», en *Una historia del cuerpo*, Barcelona, Kriller71, 2017, p. 33). En inglés, la palabra *long* significa tanto «largo» como «anhelar» [N. de la T.].

trasladan algo de ese anhelo, no lo satisfacen, igual que, cuando llegas a las montañas a las que te dirigías, han dejado de ser azules y el azul ha pasado a teñir las que se encuentran detrás. Aquí reside el misterio de por qué las tragedias son más hermosas que las comedias y por qué algunas canciones e historias tristes nos producen un inmenso placer. Siempre hay algo que nos queda lejos.

En una carta a un amigo que se encontraba en otro continente, la mística Simone Weil escribió: «Amemos esta distancia, toda ella tejida de amistad, pues los que no se aman no pueden ser separados».[2] Para Weil, el amor es la atmósfera que llena y colorea la distancia entre ella y su amigo. Incluso cuando tienes delante a esa persona, hay algo de ella que permanece increíblemente lejos: cuando te acercas para abrazarla, tus brazos rodean el misterio, lo incognoscible, aquello que no puede poseerse. Lo lejano impregna incluso lo más cercano. Al fin y al cabo, apenas si conocemos nuestras propias profundidades.

En el siglo xv, los artistas europeos empezaron a pintar el azul de la distancia. Los pintores anteriores no habían prestado en sus obras mucha atención a lo remoto. A veces aparecía un muro macizo de color dorado detrás de los santos; a veces el espacio a su alrededor era curvo, como si efectivamente la Tierra fuera una esfera pero nos encontráramos en su interior. Los pintores empezaron a interesarse más por la verosimilitud, por representar el mundo tal como lo veía el ojo humano, y en aquellos tiempos en que el arte de la perspectiva estaba empezando a desarrollarse adoptaron el azul de la distancia como una forma más de dar profundidad y volumen a sus obras. La franja azul que aparece en la zona del horizonte a menudo

2 Citada en la biografía de la autora escrita por Francine du Plessix Gray, *Simone Weil*, Londres, Viking, 2001.

resulta exagerada: empieza demasiado cerca del primer plano, genera un cambio demasiado brusco de color, es demasiado azul, como si se deleitaran en aquel fenómeno al excederse en su uso. Debajo del cielo y encima del supuesto tema principal del cuadro, en la zona que quedaba antes del horizonte, pintaban un pequeño mundo de color azul: unas ovejas azules, un pastor azul, unas casas azules, unas colinas azules, un camino azul y una carreta azul.

Lo vemos una y otra vez: la extensión de azul que empieza a la altura del Cristo crucificado en el cuadro de Solario de 1503, o tras las ruinas delante de las que una hermosa Virgen contempla a su hijo, dormido sobre un manto de un azul más intenso, en una pintura del taller de Rafael. Se ve en el cuadro de 1571 de Niccolò Dell'Abate en el que aparecen una ciudad azul y un cielo azul detrás de un grupo de inspiración clásica integrado por lo que parecen ser unas Gracias, que con una tranquilidad incongruente sacan a Moisés de entre los juncos de un impetuoso río que pareciera recibir su color del fondo del cuadro, como si algo destiñera. Está presente tanto en la pintura italiana como en la del norte de Europa. En el tríptico de la Resurrección de Hans Memling, de alrededor de 1490, los dedos de los pies y el borde de la túnica de una figura que levita, a la derecha, ascienden hacia el marco del cuadro, lo que deja a la figura atrevidamente recortada como podría suceder en una fotografía, aunque no hay fotografías de milagros. Debajo, un grupo de figuras de cabellos castaños miran hacia arriba, con las manos en alto en actitud de oración o de asombro. Justo encima de sus cabezas aparece la orilla de un lago. Es azul y tiene detrás unas colinas azules, como si hubiera tres reinos: el cielo de los colores del atardecer en que se está introduciendo la figura que se eleva, la tierra multicolor de debajo y el reino azul de la lejanía, que no es ni una cosa ni la otra, que no forma parte de esa dualidad cristiana. El efecto es aún más marcado en el famoso cuadro de san Jerónimo en un paisaje agreste que pintó Joachim Patenier unos treinta años más tarde. Jerónimo aparece arrodillado en un cobertizo con un techo de tela hecha jirones delante de un conjunto de oscuras rocas grises, y gran parte del mundo que tiene detrás es azul: un río azul, rocas azules, colinas azules, como si estuviera desterrado no de la civilización, sino de ese color celestial en particular. Al igual que una de las figuras del cuadro de Memling, sin embargo, Jerónimo va vestido de un color azul claro, igual que muchas Marías, como si los envolviera la lejanía, como si una parte de esa enigmática lejanía se hubiera desplazado hacia el primer plano.

En su retrato de Ginebra de Benci, de 1474, Leonardo pintó solamente una estrecha franja con unos árboles azules y un horizonte azul en el fondo, detrás de los árboles amarronados que enmarcan el rostro pálido y adusto de la mujer cuyo vestido va atado con un cordón del mismo azul, pero a él le encantaban los efectos atmosféricos.[3] Escribió que, cuando se pintan edificios y se quiere «representarlos en una pintura con distancia de uno a otro [el] aire se debe fingir un poco grueso (...). Esto supuesto, se debe pintar el primer edificio con su tinta particular y propia (...); el que esté más remoto debe ir menos perfilado y algo azulado; el que haya de verse más allá se hará con más azul, y al que deba estar cinco veces más apartado, se le dará una tinta cinco veces más azul».[4] Parece que los pintores se habían entusiasmado con el azul de la distancia, y mirando estos cuadros es posible imaginar un mundo en el que una podría ir caminando por un terreno cubierto de hierba verde, troncos de árbol marrones y casas blancas, y entonces, en algún momento, llegar al país azul: la hierba, los árboles

---

3   Casi todos los cuadros del azul de la distancia descritos aquí están en el Louvre, pero el retrato de Da Vinci está en la National Gallery of Art de Washington, D. C.

4   Se cita traducción de Diego Antonio Rejón de Silva de Leonardo da Vinci, *El tratado de la pintura, y los tres libros que sobre el mismo arte escribió León Bautista Alberti*, Valladolid, Maxtor, 2011, pp. 76-77.

y las casas se volverían azules, y quizás al mirar el propio cuerpo vería que también es azul, como el dios hindú Krishna.

Este mundo se hizo realidad en los cianotipos, o fotografías azules, del siglo xix. *Cian* significa «azul», aunque yo siempre pensé que el término hacía referencia al cianuro que se empleaba para producir las imágenes. Los cianotipos eran baratos y fáciles de hacer, así que algunos fotógrafos aficionados optaban por trabajar solo con cianotipia y algunos profesionales utilizaban este medio para hacer copias preliminares, tratadas de tal manera que al cabo de unas semanas se difuminaban y borraban; estas copias evanescentes servían de muestras a partir de las cuales se podían encargar imágenes permanentes en otros tonos. En los cianotipos se entra en un mundo en el que la oscuridad y la luz son de color azul y blanco, donde los puentes, las personas y las manzanas son azules como lagos, como si todo se viera a través de una atmósfera de melancolía que en este caso es el cianuro. El color siguió utilizándose en postales hasta pasada la mitad del siglo xx: yo conservo algunas de palacios azules y glaciares azules, monumentos azules y estaciones azules.

Hay un álbum de fotografías ovaladas tomadas a finales del siglo xix por un hombre llamado Henry Bosse.[5] Todas son del alto Misisipi y todas son del color azul de los cianotipos. Al principio da la impresión de que retratan un mundo encantado, un río de un tiempo remoto, pero Bosse trabajaba con los ingenieros encargados de estrechar y enderezar el Misisipi, de convertir un curso de agua salvaje y serpenteante, con sus islas, remolinos y orillas pantanosas, en algo más estrecho y más rápido, un río dragado y encauzado que pudiera acomodar el vertiginoso flujo del comercio. Construyeron espigones, acumulaciones de rocas que atrapaban los sedimentos y eliminaron las orillas naturales del río, lo dragaron e instalaron

5   El álbum de Henry Bosse fue reeditado por Twin Palms Press en 2002.

esclusas, pero las fotografías de Bosse tienen una belleza mayor de la que requieren la ingeniería y la documentación y cada una es un camafeo azul, desde el primer plano hasta el fondo, con sus patios de maniobras ferroviarias azules y sus puentes azules en construcción. En este mundo en el que vivimos, en cambio, la distancia deja de ser distancia y pierde su color azul cuando llegamos a ella. Lo lejano se convierte en lo cercano, y no son el mismo lugar.

Un año de sequía, el nivel del Gran Lago Salado descendió tanto que gran parte de lo que normalmente era agua se convirtió en una extensión de tierra, y salí a caminar en dirección a la isla Antílope, que flotaba encima de su reflejo en el agua, un sólido objeto simétrico similar a una piedra preciosa suspendida sobre aquel azul. Kilómetros y kilómetros de lo que no hacía mucho había sido el lago habían quedado transformados en un rompecabezas en el que se intercalaban los charcos y la arena seca y mojada, las lagunas de agua clara y poco profunda y las largas lenguas de arena que se extendían en dirección a la isla, reflejada a lo lejos en un agua más profunda y azul. A veces los bancos de arena acababan en el agua y tenía que buscar otro camino para poder seguir avanzando, pero pude seguir una trayectoria más o menos directa hacia la isla durante los kilómetros y las horas que estuve allí. Caminé sobre tramos cubiertos de arena estriada y tramos de arena lisa, sobre terreno que a veces cedía bajo mis pies, como si hubiese bolsas de aire debajo, y sobre arena que a veces hacía un ruido como de succión y adquiría un tono más claro alrededor de mis huellas, allí donde el agua se había desplazado bajo el peso de mi cuerpo. Con el largo rastro de pisadas que iba dejando a mi paso, no podía perderme en el sentido literal, pero sí perdí la noción del tiempo y me perdí de esa otra forma que no tiene que ver con la desubicación sino con la inmersión en un plano en el que todo lo demás desaparece.

A veces había ramitas de roble con hojas marrones en el suelo, aunque no se veía ni un solo árbol y la orilla estaba lejos.

Sobre la arena a veces yacían amasijos empapados de plumas y huesos que en algún momento habían sido aves. Cómo habían llegado hasta ahí las hojas y cómo habían muerto los pájaros eran cuestiones insondables, esa palabra con la que se designa a las profundidades que no se pueden medir. Detrás de mí, más allá del lago y a una altura considerable en las rocas y montañas, estaba grabada la marca del nivel del agua del lago Bonneville, que en una era remota en que la Tierra era un lugar más lluvioso que ahora, cuando las secuoyas crecían en Arizona y el valle de la Muerte también era un lago, fue muchísimo más extenso y muchísimo más profundo. Hace diez mil años o más que dejó de existir ese lago, pero el anillo que rodeaba todo aquel paisaje dejaba claro que había habido un tiempo en que el lugar por el que ahora iba caminando había estado sumergido a gran profundidad, así como la arena blanda y los restos que me fui encontrando en el suelo me recordaban que no hacía mucho podría haber remado o nadado por donde ahora iba a pie. Aquello era tierra nueva, tierra provisional; en invierno quedaría sumergida y podrían pasar años, o siglos, hasta que se pudiera volver a caminar sobre ella. La isla Antílope, dorada bajo la intensa luz, se volvía más grande y nítida a medida que caminaba, pero permanecía siempre más adelante, como un sueño o una esperanza. El agua que quedaba tenía un color azul pálido, y en esa abrasadora tarde de octubre se fundía a lo lejos con un cielo claro, la frontera entre el agua y el aire era difícil de distinguir.

Mientras iba absorta en aquel paseo que me liberó de las amarras del tiempo, pensé en la charla que había dado en Salt Lake City. Para intentar describir la profundidad de los cambios que no percibimos, había contado una historia sobre otro lago, el lago Titicaca, en Bolivia. Cuando tenía dos años vivimos un año en Lima, y en una ocasión subimos todos —mi madre, mi padre, mis hermanos y yo— a los Andes y cruzamos de Perú a Bolivia a través del lago Titicaca, uno de esos lagos situados a gran altitud —Tahoe,

Como, Constanza, Atitlán— que son como ojos azules que le devuelven la mirada al cielo azul.

Un día, hace unos años, mi madre sacó de su baúl de madera de cedro la blusa azul turquesa que me habían comprado en aquel viaje a Bolivia, una versión en miniatura de los trajes de las mujeres de la región. Cuando desdobló la pequeña prenda y me la alcanzó, se produjo un impactante choque entre el recuerdo vívido que conservaba de haber llevado puesta esa blusa y el hecho de que era diminuta, con unas mangas de menos de treinta centímetros y una minúscula pechera en la que cabía una caja torácica del tamaño de la jaula de un canario, que ya no era la mía. Lo que me impactó fue que mi vivo recuerdo incluía la sensación que había experimentado al llevar puesta aquella blusa de brocado pero no el hecho de que al llevarla yo había sido tan diminuta, de que había sido algo completamente diferente del yo adulto que ahora rememoraba. La continuidad de la memoria no salvaba el abismo entre el cuerpo de una niña pequeña y el de una mujer.

Cuando recuperé la blusa perdí el recuerdo, ya que las dos cosas eran incompatibles. Se desvaneció en un instante y lo vi desaparecer. A veces se oye hablar de murales o de cuerpos que han quedado milagrosamente conservados bajo tierra, sellados y protegidos de la luz durante cientos o miles de años y que, cuando quedan expuestos por primera vez al aire puro y a la luz, empiezan a borrarse, a desintegrarse, a desaparecer. A veces el ganar y el perder están más íntimamente relacionados de lo que nos gusta creer. Y hay cosas que no se pueden poseer ni trasladar. Hay luz que no recorre toda la distancia a través de la atmósfera, sino que se dispersa.

Guardé la blusa en mi propio baúl y más adelante, cuando empecé a pensar en ella otra vez, la saqué y descubrí que mi memoria la había transformado en algo más familiar, en las camisas de terciopelo que llevan las mujeres y niñas del pueblo navajo. La blusa boliviana estaba bordada y tenía un cuello en zigzag con un ribete azul claro y dos lazos azules que conservaban las arrugas aplanadas de hacía mucho tiempo, pero el tejido era un brocado de rayas. Era de color azul turquesa, el azul de las piscinas y de las piedras semipreciosas, más brillante que el del cielo. «Boliviana», le dije a una amiga, y ella creyó que había dicho «olvidada».

Cuando empecé a escribir, había sido una niña la mayor parte de mi vida y mis recuerdos de infancia eran vivos y poderosos, las fuerzas que me habían convertido en la persona que era. La mayoría se han ido volviendo más borrosos con el tiempo, y cada vez que pongo uno por escrito renuncio a él: deja de tener la vida misteriosa que tenía en la memoria y queda fijado en palabras; deja de ser mío; pierde el carácter cambiante y errático que tienen las cosas vivas, igual que, cuando me la entregaron, la blusa dejó de ser algo en cuyo interior recordaba haber estado y se convirtió en la prenda que había llevado puesta aquella niña irreconocible de la foto. Una persona de veintitantos años ha sido un niño durante la mayor parte de su vida, pero con el paso del tiempo la porción que representa la infancia se vuelve cada vez menor, cada vez más lejana, cada vez menos nítida, aunque dicen que al final de la vida el principio regresa con una vitalidad renovada, como si hubiéramos dado la vuelta al mundo y regresáramos a la oscuridad de la que vinimos. Para los ancianos, a menudo lo más cercano y reciente se vuelve borroso y solamente aquello que se encuentra alejado en el tiempo y el espacio aparece bien definido.

Para los niños, es la distancia lo que encierra poco interés. Gary Paul Nabhan escribe sobre la experiencia de llevar a sus hijos al Gran Cañón del Colorado, donde se dio cuenta de «la cantidad de tiempo que pasan los adultos escudriñando el paisaje en busca de vistas pintorescas y panoramas. Mientras los niños se echaban al suelo y se entretenían con lo que tenían justo delante, los adultos viajábamos mediante la abstracción». Agrega que, cada vez que se acercaba al borde de un promontorio con su hijo y su hija, «me soltaban las manos de repente para ponerse a examinar el suelo en busca de huesos,

piñas, el centelleo de las areniscas, plumas o flores silvestres».[6]
En la niñez no existe la distancia: para un bebé, una madre que
se ha ido a otra habitación ha desaparecido para siempre; para
un niño, el tiempo que falta para un cumpleaños es eterno. Lo
que está ausente es imposible, irrecuperable, inalcanzable. Su
paisaje mental es como el de los cuadros medievales: un primer plano lleno de imágenes vívidas y, detrás, un muro. El azul
de la distancia llega con el tiempo, con el descubrimiento de
la melancolía, la pérdida, la textura del anhelo, la complejidad
del terreno que atravesamos, y con los años de viaje. Si el dolor
y la belleza están conectados, quizá con la madurez llega no lo
que Nabhan llama abstracción, sino un sentido estético que
compensa parcialmente las pérdidas que sufrimos con el tiempo y que encuentra belleza en lo distante.

La isla Antílope estaba cada vez más cerca y se volvía cada
vez más grande y nítida, pero al final llegó un punto en el que
no se podía seguir avanzando. O quizá sí se podía, pero habría
supuesto meterme en un agua que incluso en su estado habitual es mucho más salada que el mar y cuya concentración de
sal con aquella sequía debía de ser altísima. Puedo imaginarme
otra versión de aquella excursión en la que me desvestía y, que-
mándome la espalda y flotando como un corcho, nadaba hasta
la isla, aunque no sé lo que habría hecho al llegar. Tampoco
estoy segura de que la isla fuera un lugar al que se debía llegar,
pues de cerca su color dorado resplandeciente se habría desvanecido para convertirse en tierra y maleza.

Cuando llegué hasta donde se podía llegar caminando, miré
al suelo, y los bordes ondulados de la tierra y el agua perdieron
su escala y adquirieron el aspecto que tiene el mundo cuando se lo ve desde un avión. Los aviones suelen ir de una ciudad a otra, pero entre ellas se encuentran los terrenos vírgenes

---

6 Gary Paul Nabhan, en un libro coescrito con Stephen Trimble, *The Geography of Childhood. Why Children Need Wild Places*, Boston, Beacon Press, 1994.

a los que solo se pueden poner etiquetas aproximadas: en algún punto de Terranova, en algún lugar de Nebraska o de las Dakotas. Desde una altura de kilómetros, el territorio parece un mapa de sí mismo, pero sin ninguna de las referencias que dan sentido a los mapas. Los meandros abandonados y las mesetas que uno ve por la ventanilla son anónimos, insondables, un mapa sin palabras. He descubierto que el deseo de que el avión haga un aterrizaje de emergencia en uno de esos lugares es algo bastante común entre quienes siempre viajan de una ciudad a otra por trabajo. Esos lugares sin nombre despiertan un deseo de perderse, de estar lejos, un deseo de esa maravilla envuelta en melancolía que es el azul de la distancia. Aquel día en el Gran Lago Salado me miré los pies, y hasta mis pies parecían encontrarse a una enorme distancia, en aquel terreno sin escala en el que lo cercano y lo lejano se fundían, en el que los charcos eran océanos y los montículos de arena, cordilleras.

Con la isla a mi espalda y el ruinoso Saltair Pavilion delante, donde me esperaba la camioneta, volví caminando al desorden cotidiano. Cerca de donde había empezado mi paseo, sin embargo, aquel paisaje guardaba una sorpresa más: una serie de pequeñas hendiduras en el terreno en las que el agua se había secado y se habían formado cristales de sal. Uno era un manto de rosas; otro, un montón de briznas de paja; otro, un campo de copos de nieve, todo hecho de sal manchada de barro. Cuando intenté cortar algunas de aquellas rosas de color ocre para llevármelas, sin embargo, inmediatamente perdieron parte de su belleza. Hay cosas que solo poseemos si están perdidas, hay cosas que no se pierden si de ellas nos separa la distancia.

Guirnaldas de margaritas

En mi familia las cosas se las ingenian para desaparecer. Una vez, cuando yo era mucho más joven, la hermana menor de mi padre me mostró una caja llena de fotografías familiares, y la pared en blanco que hasta entonces se erigía detrás de mi propio nacimiento se derrumbó bajo un torrente de fotos montadas sobre cartón de extraños rostros anónimos y poses formales, en toda la gama que iba del gris de la gelatina de plata al sepia. Sentadas con la caja de cartón en la sala de estar de mi tía, sumida en una penumbra casi permanente por la sombra de las secuoyas, estuvimos un largo rato pasando imágenes mientras ella iba recitando nombres, algunos que yo ya conocía y otros que no. La fotografía que más me impresionó fue una de mi abuela y sus dos hermanos menores, posando en Ellis Island o por la época en que atravesaron esa gran puerta de entrada de inmigrantes en el puerto de Nueva York. Aparecían en fila, con los cuerpos solapados y por orden de altura, siguiendo las convenciones de la fotografía de retrato de la época. Les habían rapado el pelo, quizá por los piojos o las infecciones, y tenían esa mirada ojerosa y atormentada de muchos de los inmigrantes de entonces: tres niños con trajes blancos de marinero a juego que habían cruzado toda Europa y el Atlántico y que iban a atravesar otro continente solos.

Cuando mucho tiempo después le pregunté por las fotografías, mi tía dijo que aquella caja no existía y que debía de habérmelo imaginado todo. Unos años más tarde volví a preguntarle y reconoció que la caja había existido, pero dijo que había desaparecido. Las fotografías, que se supone que tienen que servir de pilares de un pasado objetivo, son tan inestables como todo lo demás en la historia de mi familia paterna. Con mi padre y mi tía fallecidos, y con sus padres fallecidos mucho antes que ellos, ya no hay nadie que repita o contradiga las pocas historias que contaban muy de vez en cuando. Las historias llegaban por sorpresa y eran enunciaciones que no debían cuestionarse, sonsacarse, repetirse, y que poseían la enigmática brevedad de los oráculos y de las noticias de relleno de los periódicos. En cierto modo, la historia de mi familia paterna se asemeja a su lugar de origen, donde los países eran devorados y regurgitados por los imperios, donde las fronteras se desplazaban sin tener en cuenta la lengua y la cultura, donde el comunismo suprimió el pasado mediante sus famosos retoques fotográficos, de tal forma que las imágenes iban con los tiempos y quienes desaparecían del mundo desaparecían también de las fotografías. Los tres niños con el pelo rapado habían emigrado desde Białystok, que hace mucho tiempo perteneció a Lituania, después a Polonia y después a Prusia, que estuvo en manos de las tropas de Napoleón, que en la época en que ellos emigraron pertenecía a Rusia, que fue una zona de combate muy bombardeada entre Alemania y Rusia en la Primera Guerra Mundial y que volvió a ser ocupada en la siguiente guerra mundial por los alemanes que harían desaparecer a los judíos.

También es posible que para mi familia la verdad no tuviera una medida estable, después de verterse tantas veces de una a otra de las distintas lenguas que hablaban, así como la emigración no supuso la misma clase de desplazamiento para personas cuya diáspora había comenzado mucho antes. En casa no hablaban ruso ni polaco, sino yidis, un dialecto alemán medieval, a pesar de que tampoco eran alemanes, sino herederos de la diáspora que había comenzado en Israel casi dos milenios antes (aunque no eran descendientes puros, como atestiguan los ojos azules y el pelo rubio de algunos de nosotros). Lo único que ha llegado de esa lengua a mi generación son unos cuantos insultos: el yidis es capaz de describir los defectos del carácter con la precisión con la que el inuit describe el hielo o el japonés la lluvia. Tenían otra lengua, el hebreo, reservada para otros usos, y la imagen imborrable que conservaban de una patria entonces imaginaria impidió a estos hablantes integrarse a su entorno. A veces me pregunto qué mérito tenía aquella milagrosa tenacidad, aquella lealtad a un paisaje perdido y a una lengua que empezaba a envejecer. Se podría argumentar que les habría ido mejor si se hubieran integrado en el ambiente, como sin duda hicieron muchos otros ahora olvidados, si hubieran adoptado lenguas autóctonas, historias, lugares a los que amar, si hubieran dejado de ser exiliados al dejar de recordar el país que habían abandonado para así poder abrazar plenamente el país en el que estaban. Solamente perdiendo ese pasado perderían la condición de exiliados, pues el lugar del que se habían exiliado ya no existía y ellos ya no eran el pueblo que había salido de aquel lugar. Quizá ese empeño en olvidar, esa negativa a contar historias, obedecía al deseo de que pudiéramos llegar a ser naturales del Nuevo Mundo como ellos nunca llegaron, nunca pudieron, serlo del Viejo.

Todos los que sobrevivieron al Holocausto sobrevivieron porque se habían ido de aquella patria provisional y hostil, y regresó solamente una mujer. A ella la salvó el amor, según me contó su hija mucho tiempo después en Los Ángeles. Se había enamorado de un ruso con el que su familia le rogó que no se casara, se fue a Rusia a pesar de todo obedeciendo a su corazón y allí sobrevivió durante la Segunda Guerra Mundial, que le arrebató a su marido cuando estaba embarazada de su hijo menor. Después de la guerra, la viuda volvió a Polonia para reencontrarse con su familia, pero todos habían sido exterminados. Se quedó ahí, sola con sus hijos, hasta que la tuberculosis se cobró su vida cuando los chicos aún eran pequeños. Los metieron en un orfanato regentado por monjas antisemitas y, cuando más tarde se descubrió la etnia a la que pertenecían, los mandaron a Israel. Tengo entendido que el hijo sigue viviendo ahí, pero la hija se fue a estudiar a Francia y más tarde se trasladó a los Estados Unidos. Había vivido con los beduinos en el desierto del Néguev, con la realeza en Cachemira, con unos arquitectos en Arizona. En una mesa de su dormitorio tenía unas botellitas llenas de arena, unos hermosos polvos de tonos ocres, rojos e incluso lavanda, que había tomado de desiertos de todo el mundo, y era como si, tras haber experimentado tantas veces el desarraigo, eso fuera toda la patria que le quedaba, esa colección de tierras que eran como los frascos de colorete y polvos de maquillaje que otra mujer podría tener en su tocador. Más tarde perdimos el contacto. Pero ella era de la familia de mi abuelo, no de mi abuela.

La madre de mi abuela también desapareció, o eso me dijeron. Como solía ocurrir, su padre emigró primero y después, una vez que se hubo establecido en el Nuevo Mundo, en Los Ángeles, y hubo ganado dinero para pagar el pasaje de ella, se trajo a su mujer. Más tarde mandó traer a los hijos, que se habían quedado a vivir con unos parientes después de que se fueran sus padres. O eso es lo que me contaron una vez, cuando me dijeron que mi bisabuela desapareció en algún punto entre el este de Europa y la costa oeste de los Estados Unidos. Yo me imaginaba todas las cosas que podían haber ocurrido entre un sitio y otro, la veía bajándose de un tren en algún lugar con praderas, perdiéndose y quedándose perdida, empezando una vida nueva e inimaginable, distinta de la que le había tocado por su familia y por su etnia, saliendo del bullicio y la estrechez de un relato de Isaac Bashevis Singer y entrando en la calma y la amplitud de una novela de Willa Cather. Los inmensos espacios abiertos del oeste norteamericano, tan desconocidos para sus inmigrantes incluso hoy en día, siempre han invitado a los viajeros a perder su pasado, como a menudo se perdía el equipaje, y reinventarse.

Ahora me doy cuenta de que era mi propio deseo de bajarme del tren, del coche, de la conversación, de las obligaciones, y adentrarme en el paisaje lo que proyecté en esa antepasada que yo imaginaba. Crecí con la idea del paisaje como recurso, con la posibilidad de salir del plano horizontal de las relaciones sociales y acceder a una alineación vertical con la tierra y el cielo, la materia y el espíritu. Los grandes espacios abiertos son los que mejor satisfacen estas ansias, espacios que yo encontré primero en el desierto y después en las praderas de la zona occidental de las Grandes Llanuras. Acceder a ellos no es tan fácil como podría suponerse; a menudo son campos privados por los que se pasa de camino a los terrenos públicos y a sus árboles y montañas, privados porque poner un precio a la nada es más difícil que ponérselo a algo y porque, cuando no son un auténtico erial formado por lechos de lagos completamente secos, son aprovechables como tierras de cultivo o pastoreo.

Un Día de la Independencia de hace unos años estaba en una comida al aire libre en un enorme rancho en el noreste de Nuevo México, en la que no conocía a nadie aparte de los amigos que me habían llevado. Era la época de lluvias y el pasto era una alfombra verde salpicada de pequeñas madrigueras, cactus rechonchos y flores silvestres de las que salían brillantes insectos cuando me acercaba. Se extendía sin interrupción hasta las montañas azules situadas a un día o más de caminata, y daba la impresión de que podías recorrer todo ese espacio sin tener que detenerte en ningún momento o de que, para cuando lo hubieras atravesado, habría quedado transformado. Me excusé ante los presentes y salí a caminar por aquella pradera hasta que vi empequeñecerse el grupo de álamos y olmos, los únicos árboles presentes en aquella inmensidad, bajo los que hacía mucho que habían dejado de verse las personas. Sentí las caricias de la brisa veraniega, mis piernas avanzaron como movidas por sus propios apetitos y las montañas no dejaron de llamarme. Me detuve antes de perder de vista los árboles; ese día no estaba preparada para desaparecer por completo en aquella inmensidad. Puede que esos espacios sean el mejor acompañamiento que he encontrado para la verdad, la claridad, la independencia.

«El vacío es el sendero por el que se mueve la persona centrada», dijo un sabio tibetano hace seiscientos años. El libro en el que encontré esta afirmación continuaba con una explicación de la palabra para decir «sendero» en tibetano: *shul*, «una marca que permanece después de que pasa lo que la hizo; una huella, por ejemplo. En otros contextos, *shul* se emplea para describir la cavidad rugosa que queda donde solía haber una casa, el canal erosionado en la roca por la que ha pasado la crecida de un río, la mella en la hierba donde durmió un animal la noche anterior. Todas estas cosas son *shul*: la impresión de algo que estuvo ahí. Un sendero es un *shul* porque es una impresión en el suelo dejada por el paso regular de pies, que se ha mantenido libre de obstrucciones y conservado para que lo usen otros. Como un *shul*, el vacío puede compararse a la impresión de algo que estuvo ahí. En este caso, semejante impresión está formada por las mellas, cavidades, marcas y rugosidades dejadas por la turbulencia del ansia egoísta».[1] En yidis *shul* significa «sinagoga», pero yo no estaba intentando mandar a aquella antepasada desaparecida al templo, sino a un sendero a través de una extensión deshabitada en la que el cielo parece descender hasta los pies.

Durante mucho tiempo imaginé que mi bisabuela era la mujer de la fotografía de Lewis Hine de una joven judía rusa

1   Stephen Batchelor, *Buddhism without Beliefs. A Contemporary Guide to Awakening*, Nueva York, Riverhead Books, 1997. (Se cita traducción de José Ignacio Moraza, *Budismo sin creencias: una guía contemporánea para despertar*, Madrid, Gaia, 2008, p. 104).

en Ellis Island, de 1905. Para un fotógrafo conocido por su trabajo sociodocumental, es una imagen atípica, con ese rostro intenso y pensativo y con el fondo impreciso y desenfocado. Ellis Island, que en la mayoría de las fotografías aparece atestada de gente, se ve aquí vacía y tranquila. Lo único que revela que se trata de ese lugar son las vallas borrosas de las pasarelas de la gran sala en la que se tramitaba la entrada de las colas de inmigrantes. Esta imagen de un momento tan íntimo y solitario en el bullicio de esa isla abarrotada documenta una situación anómala, tanto en el lugar como en la obra de Hine. No es una fotografía sobre las condiciones sociales. Es una fotografía sobre el alma. Una mujer con un pañuelo o un chal en la cabeza, echado hacia atrás lo suficiente para dejar ver su cabello oscuro, sucio y con la raya al medio, mira algo que está detrás de la cámara, ni intimidada ni atraída por ello. El abrigo de paño con cierre asimétrico es lo único que indica que la chica viene del extremo oriental de Europa. De cerca es casi hermosa, se la ve joven y su expresión tiene hasta algo de ternura, pero si se mira la fotografía desde lejos o en una reproducción más pequeña u oscura lo que resalta de la cara rígida de esta emigrante son los huesos, como si el hambre, el cansancio, el miedo la hubieran llevado hasta unas fronteras que no son las de los países. Sobre sus oscuras cuencas oculares, la frente brilla con un color tan blanco como el del cielo a sus espaldas. Es como si a través de su frente pudiéramos ver el cielo del fondo, con la misma palidez, o como si ambas cosas no fueran sobre el papel fotográfico más que ausencias.

Mucho después de que guardara como un talismán la imagen de esa mujer llegando a las praderas, me dijeron que mi bisabuela no había desaparecido. Su marido la había recluido en un psiquiátrico cuando llegó a California, y cuando llegaron sus tres hijos se encontraron con que su padre se había vuelto a casar, esta vez con una mujer estadounidense, y había tenido otra hija. Me imaginé el resto: mi abuela encontrándose al llegar con que había sido reemplazada por una media hermana cuya lengua materna era el inglés que ella tendría que aprender y que hablaría con un fuerte acento durante el resto de su vida. Parece que al principio sí encontró su camino: según otra fotografía, se metió en un club de senderismo para señoritas, chicas imponentes con botas acordonadas hasta las rodillas y pantalones anchos tan uniformes que parecían un grupo militar que escalaba las jóvenes montañas cubiertas de pinos de Los Ángeles. No sé identificarla entre el grupo de muchachas morenas y de mirada ilusionada de la fotografía. A finales de los años veinte se casó con mi abuelo, otro inmigrante de una ciudad cercana en la Zona de Residencia judía en Rusia, a quien su hermano había traído a los Estados Unidos después de que se viera envuelto en la Revolución rusa. Alguien mencionó una vez que se habían conocido en un club de senderismo judío, lo que no encaja para nada con ellos, pues parece que eran gente muy de ciudad, encogidos dentro de unos cuerpos a los que veían como edificios de carne y no como instrumentos con los que aventurarse en los espacios abiertos del Nuevo Mundo. Eso es, de hecho, lo más que se acercan estos antepasados a mi fantasía de la mujer que se bajaba del tren en las praderas.

Mi bisabuela desapareció de las vidas de sus hijos. La pregunta es si desapareció por decisión propia o si no supo encontrar el camino para salir de su propia cabeza. ¿La perdieron solo ellos porque había encontrado otro camino, o se perdió también a sí misma, privada de la capacidad de orientarse en el mundo y en su propia mente? Podemos imaginar también la mente como un paisaje, pero quizá las mentes de los sabios sean las únicas que se parecen a aquella pradera en la que coqueteé con la idea de perderme y desaparecer. Los demás tenemos cavernas, glaciares, ríos torrenciales, bancos de espesa niebla, fosas que se abren bajo nuestros pies, incluso animales salvajes en actitud amenazante que llevan nuestros apellidos. Es un paisaje donde es fácil perderse, y visitar algunas de sus regiones resulta aterrador. Hay un cuento budista sobre un hombre que pasa galopando a caballo por delante de un monje. El monje le pregunta adónde va y el hombre contesta: «Pregúntale a mi caballo». Esa emoción irrefrenable no te deja elegir tu destino, ni siquiera verlo. Es la forma más sencilla de la locura y casi todos la experimentamos por momentos.

Mi abuela apareció en mi vida tan repentinamente como debió de desaparecer su madre. Nadie me había dicho que tuviera una abuela —aparte de la madre de origen irlandés de mi madre, que vivía en el este del país y a la que apenas veíamos— hasta un día en que fuimos a Los Ángeles no mucho después de que volviéramos a vivir a California, antes de que yo empezara el colegio. Llegamos a un centro psiquiátrico situado en un alto edificio de hormigón que se levantaba sobre un mar de asfalto, y aquella antepasada con la que yo no contaba bajó a la calle y me dio un beso. Me dejó una mancha de lápiz labial en la mejilla y mi madre se giró y dio un gritito porque creyó que era sangre. Más tarde la trasladaron al psiquiátrico público de Napa, no muy lejos de donde vivíamos nosotros. Durante años pensé que era una residencia de ancianos, ya que mi abuela estaba en una planta en la que solo había señoras mayores que, ansiosas por ver niños, nos rodeaban y nos daban monedas cuando íbamos, y porque nadie me dijo que fuera otra cosa. Era un lugar en el que se respiraba una tranquilidad ominosa, lleno de grandes extensiones de césped salpicadas de árboles que daban una agradable sombra. Cuando intento recordarlo ahora, me vienen a la memoria los mirlos de alas rojas que veíamos por el camino, en las marismas de la bahía de San Pablo, y la tarde, o las muchas tardes, que mi hermano pequeño y yo pasamos en el césped haciendo guirnaldas de margaritas, que mi abuela llevaba colgadas alrededor de su enorme busto y su espalda encorvada hasta que se marchitaban, y recuerdo también el puesto de sidra de cereza que había bajo un enorme árbol y en el que parábamos de camino a casa, y también el sabor de las cerezas. Nunca se me ocurrió preguntarle a mi abuela por el pasado, y probablemente no habría tenido mucho que decir.

Se supone que sufría de esquizofrenia paranoide. Con ese diagnóstico estuvo internada las últimas décadas de su vida. Yo siempre pensé que quizá su forma de ver el mundo fuera totalmente razonable dadas las circunstancias, aunque cuando la conocí estaba hecha un desastre, con la mente trastornada por los tratamientos con electroshock, los años de tomar medicación y todos los efectos que genera la vida dentro de ese tipo de instituciones. Es difícil decir si lo que le estaban extirpando era el dolor o el pasado, o si ambos eran la misma cosa. Es poco probable que los médicos que la trataron hubieran experimentado tal grado de inestabilidad: madres que desaparecían, la diferencia abismal entre su ciudad medieval ruso-polaca de la Zona de Residencia y la flamante y amnésica Los Ángeles, las tres o cuatro lenguas que dejó atrás y el inglés que nunca llegó a adquirir del todo, la aniquilación del mundo del que venía y de los parientes a los que había dejado ahí. Un diagnóstico alternativo que ofreció una vez un psicólogo para explicar su comportamiento fue el de trastorno por estrés postraumático, que reconocía todos los distintos tipos de guerra a los que había sobrevivido y la existencia de un mundo en el que nada era demasiado exagerado o espantoso para ser imposible.

Puedo contar con los dedos de una mano las historias que me contó mi padre sobre su infancia y su familia. Era mucho más alto que sus padres y, además de los ojos azules y un cabello que había sido rubio, tenía la piel muchísimo más clara que su madre, como si hubiera brotado directamente del sur de California, con toda su luz y su abundancia. Había integrado esa gran ola asimilacionista de los años cincuenta, cuando el pasado étnico se consideraba una carga innecesaria, cuando los Estados Unidos creían en el futuro como si fuera una religión. No es difícil imaginar por qué quería borrar de su identidad al canalla de su padre y a la loca de su madre, aunque se parecía más a ellos de lo que sugería su aspecto físico y también él se pasó la vida subido a toda clase de caballos desbocados. Su hermana pequeña, mi tía, era igual de morena que su madre, y cuando era adolescente y vivía con su padre en El Paso la gente solía pensar que era mexicana, y a menudo tenía problemas para cruzar el río Bravo al volver de Ciudad Juárez. De su segundo marido tomó el apellido que encajaba con su físico, y desde entonces pasó por latina. Mi tía —mordaz, leída, radical— era la encargada de conservar las historias y fotografías familiares, aunque, más que servir de puntales de un pasado estable, eran fantasmas y ficciones que se transformaban constantemente en función de las necesidades del presente. Pero todas las historias y fotografías hacen eso, tanto las colectivas como las personales.

En otra ocasión mi tía colgó una foto de su madre, mi abuela, en su casa, otra imagen que no vi más que una vez. En ella aparecía una niña junto a una tosca herramienta de labranza de madera. Si hace quinientos años hubiera existido la fotografía, cualquiera podría haber pensado que era una imagen de ese entonces. Mostraba lo atrasado que era el mundo del que había salido mi abuela cuando llegó a la luminosa y optimista ciudad en auge que era Los Ángeles en las primeras décadas del siglo. La gente de las fotografías que de vez en cuando me mostraba mi tía parecía tener poco o nada que ver conmigo; sus caras, sus poses, sus ropas decían más del lugar y de la época que de la familia y el parentesco. La tecnología y las convenciones de la fotografía han hecho que las imágenes de cada generación tengan un aire particular, así como la historia, la moda y la alimentación han dejado sus propias marcas en los cuerpos, de modo que casi todas las personas en una época determinada tienen entre sí una especie de parentesco que no tienen con otras generaciones. Parece como si, antes de la década de 1960, la luz y el aire mismos hubieran tenido una luminosidad y una profundidad casi submarinas que le daban un brillo opalescente a la piel y hacían que todo pareciera envuelto en una tenue aura, rasgo que desapareció con las nuevas

películas en blanco y negro con menor cantidad de plata en
la emulsión. Creo que la mayoría de los estadounidenses que
no vivieron la Gran Depresión piensan que esta tuvo lugar en
un mundo de superficies blancas y negras, ásperas pero en el
fondo atractivas, como si la propia textura pudiera ser una riqueza con la que contrarrestar toda aquella miseria. Y las primeras décadas del siglo pasado, cuando la luz era intensa y
venía de muy arriba, estuvieron pobladas de caras serias y ojos
hundidos sobre ropas que ocultaban el cuerpo. En lo alto del
Himalaya hay fósiles de caracolas marinas; lo que fue y lo que
es son cosas distintas.

Hace unos diez años, uno de mis hermanos visitó a nuestros
parientes en Ciudad de México. Eran los primos con los que se
había ido a vivir nuestra abuela cuando emigraron sus padres,
primos que después emigraron a México en la misma época
en que ella llegó a los Estados Unidos. El patriarca de la familia, que había empezado trabajando de vendedor ambulante y
había acabado siendo un rico coleccionista de arte, se acordaba de su infancia con nuestra abuela y le contó a mi hermano
que nuestra bisabuela nunca había llegado a Ellis Island ni a
los Estados Unidos, sino que la habían internado en un mani-
comio en Rusia. Cuando oí esta historia, la imagen de la joven
judía rusa en Ellis Island desapareció de repente de mi álbum
familiar imaginario y se convirtió en una imagen impersonal,
una fotografía de Lewis Hine de ese mundo que llamamos do-
cumental, y la mujer sin nombre de la que desciendo volvió a
ser alguien inimaginable y sin rostro. Ahora me pregunto qué
es lo que buscaba yo cuando me aferraba a historias e imágenes con las que llenar el vacío de esta incognoscibilidad. Esa
fotografía de Hine fue tomada en 1905, el año en que nació mi
abuela, antes de que nacieran sus hermanos, demasiado pronto
para que la joven retratada fuera esa antepasada mía que probablemente ni siquiera llegó a Ellis Island. Aunque entonces
se hizo patente la falta de credibilidad de mi tía, ahora queda
patente la mía: me doy cuenta de que la joven de la imagen de

Hine era un poco como una versión morena y atormentada de mí misma y que no se parecía en nada a mi abuela, aunque quién sabe cómo era físicamente su madre y qué rasgos le habían tocado en esa lotería que era la familia alta, baja, rubia y morena de mi padre.

A veces pienso que me hice historiadora porque no tenía historia, pero también porque quería contar la verdad en una familia donde la verdad era una entidad escurridiza. La mejor forma de tratar la verdad es no pretender que una tiene una relación incontestable e imparcial con los hechos, sino revelar los propios deseos e intereses, porque la verdad no reside exclusivamente en los acontecimientos, sino también en las esperanzas y las necesidades. Muchas de las historias sobre las que he escrito han sido historias ocultas, perdidas, ignoradas, tan amplias o tan amorfas que han pasado desapercibidas para otros, historias que no son territorios bien delimitados que pertenecen a alguien, sino senderos y ríos sinuosos que atraviesan múltiples regiones y que no son propiedad de nadie. La historia del arte, en concreto, adopta a menudo la forma de un linaje casi bíblico, una de esas largas listas de «fulano engendró a mengano y mengano engendró a zutano» según las cuales los pintores descienden exclusivamente de otros pintores. Igual que las genealogías exclusivamente patrilineales del Antiguo Testamento omiten a las madres e incluso a los padres de las madres, estas historias tan pulcras omiten toda fuente y toda clase de inspiración que provenga de otros medios y de otros encuentros, de poemas, de sueños, de la política, de las dudas, de alguna experiencia de infancia, de un lugar evocado, omiten el hecho de que la historia está formada más por cruces, ramificaciones y enredos que por caminos rectos. A estas otras fuentes yo las llamo las abuelas.

Pero esta bisabuela mía representa algo más. Es posible que tener una antepasada tan cercana que representaba el misterio y lo desconocido fuera un regalo, fértil de la manera en que el aire vacío sobre la pradera es fértil, igual que hay preguntas que son más profundas que sus respuestas. El *shul*, ese sendero que es la impresión que ha dejado aquello que estuvo antes ahí, es lo que ella es ahora, es quizá el camino por el que voy andando. Podría estudiar el árbol genealógico y localizar a parientes lejanos para averiguar la verdadera historia de mi bisabuela. Pero esa es su verdadera historia, y la mía es que crecí con esas historias cambiantes. Y ahora, muchos años después de imaginarme por primera vez a una mujer llegando a una pradera, lo que para mí resulta vívido y cercano son los mirlos de alas rojas de los pantanos en el camino al psiquiátrico y la sidra de cereza en el camino a casa, su sabor que era como los destellos rojos de los pájaros entre las espadañas. A menudo, cuando veo las margaritas del tamaño de monedas que crecen por aquí, pienso en aquellas guirnaldas marchitas. Es como si los pájaros fueran mis parientes, el lugar fueran mis antepasados y el jugo de las cerezas fuera la sangre de mis venas.

Mi tía no tiene nada más que decir sobre el tema. Pasamos juntas su último día en la tierra. Una amiga suya me había llamado la noche anterior para decirme que su cáncer de pulmón estaba empeorando rápidamente, a pesar de que por entonces aún pensábamos que le quedaba cerca de un mes de vida. Yo estaba más ocupada que nunca y no era común que pudiera interrumpir el trabajo con esa rapidez, pero, por algún motivo, a la mañana siguiente me subí al coche y viajé hasta el bosque en el que vivía mi tía. Su casa estaba en la pendiente norte de lo que había sido un complejo turístico victoriano, un lugar que nunca estuvo pensado para estar habitado más que en verano, ni siquiera antes de que volvieran a crecer las secuoyas y trajeran consigo sombra y humedad permanentes. La humedad de su casa empeoraba su enfermedad, al igual que sus cinco gatos, pero estaba empeñada en quedarse en casa hasta el final. El mayor logro de su vida había sido el litigio con el que veinte años antes había conseguido impedir la tala de árboles en aquella cuenca y sentar un precedente.

De modo que me dirigí hacia el norte, pasé por delante de la ciudad en la que crecí, por delante de otras ciudades, de manzanares, de viñedos, y llegué hasta el sombrío bosque de secuoyas, donde seguí los cortos y empinados caminos sin asfaltar que conducían a su casa. Mi tía se estaba consumiendo y en sus ojos, muy abiertos, había un gesto de temor. Respiraba oxígeno puro de un aparato que emitía un suave silbido. Los gatos andaban por la mesa, llena de libros y revistas desparramados. Le di mi primer ejemplar de mi nuevo libro y la convencí para que saliéramos con el tanque de oxígeno portátil. Habíamos planeado salir a comer para celebrar mis éxitos, que yo siempre intentaba dejar claro que eran también suyos, pues ella me había surtido de libros y ejemplos mucho antes de que yo empezara a escribir. Mientras me daba indicaciones para que tomara un camino por el que no había ido nunca, fue hablando de muchas cosas: de lo mucho que adoraba aquel lugar, de la pena que sentía porque se iba a morir sin verme comprar un terreno, de sus hijos, de mi familia —esta otra rama de un pequeño árbol—, de mi futuro. Más tarde tuve la sensación de que ese día dijimos todo lo que había por decir.

El río que habíamos ido siguiendo llegaba hasta el mar y en la desembocadura se volvía ancho y sereno. La luz de la tarde lo teñía de un tono plateado igual al del mar. Al mirarlo, dos cosas que hasta entonces habían sido historias parecieron convertirse en hechos: la creencia de muchas tribus de la costa de que las almas de los muertos se dirigen hacia el oeste por el mar y la descripción de la muerte como el punto en el que el río entra en el mar. Había llevado a mi tía a encontrarse con la muerte o, según me pareció en medio de aquella luminosidad, cuya calma era como la del instante después de un trueno, nos había llevado a las dos. El bosque del que habíamos venido parecía más oscuro visto desde aquel frío resplandor de agua y luz, y habíamos entrado en el paisaje radiante e incoloro de la muerte, impregnado de algo tan vital como la vida, demasiado majestuoso para infundir terror, transfigurado en otro mundo. No muy lejos de allí estaba el restaurante en el que nos sentamos de tal forma que yo pudiera verla a ella y ella pudiera ver ese mar. Al día siguiente se sumió en el delirio, y murió en su casa cuatro días después de esa excursión al mar.

Nueve meses más tarde, las dos fotografías que yo recordaba tan bien aparecieron en la casa de mi prima en Escocia (dos de los tres hijos de mi tía han vuelto a Europa, como si en su caso el trasplante a un suelo nuevo no hubiera arraigado; su madre criticaba duramente los Estados Unidos, a la manera clásica de la gente de izquierda, pero adoraba su bosque de secuoyas, su río, su casa, y rara vez se alejaba mucho de ellos). Al mirar esas fotografías, me di cuenta de lo mucho que habían cambiado en mi imaginación. Y solo al sentarme a escribir esto me doy cuenta de que también yo he borrado el pasado. Siempre supe que mi segundo nombre era la versión inglesa del nombre de una bisabuela, pero dejé de usarlo en la adolescencia, ya que no me gustaba cómo sonaba y me parecía que, con un apellido tan poco común, no me hacía falta un segundo nombre. Solo ahora me he dado cuenta de a qué bisabuela pertenecía ese nombre, solo gracias a la escritura de esta historia sé el nombre de esa mujer desconocida que es también mi nombre, o ahora el espacio en blanco entre mi nombre y mi apellido.

El azul de la distancia

En 1527, el español Álvar Núñez Cabeza de Vaca rehusó obedecer al comandante de su expedición cuando este le ordenó que llevara los navíos a un puerto seguro mientras él se dirigía a explorar tierra adentro con la mayoría de sus hombres. El comandante, Narváez, le preguntó por qué se negaba, y Cabeza de Vaca, el segundo al mando, contestó que estaba convencido de que «no había de volver a ver los navíos, ni los navíos a él, ya que iba a internarse en aquellas tierras con tan pocos recursos, y que yo prefería arriesgarme a los peligros a que él y los demás se iban a aventurar (...) antes que dar ocasión a que se dijese que (...) me quedaba por temor y mi honra se pusiese en entredicho». De modo que el incompetente Narváez, Cabeza de Vaca y otros trescientos hombres caminaron hacia el norte durante quince días entre las palmeras enanas de una zona deshabitada de la tierra que Juan Ponce de León había llamado «la Florida» catorce años antes. Habían encontrado a indígenas que les habían dicho que al norte había «una provincia que se llamaba Apalache, en la que había mucho oro, y (...) que allí tenían de todo de lo que nosotros valorábamos».[1] El honor y la avaricia serían

---

1 Cyclone Covey (ed.), *Cabeza de Vaca's Adventures in the Unknown*

las dos puertas por las que Cabeza de Vaca entraría al mundo de lo absolutamente desconocido.

El Apalache que encontraron era un pueblo de cuarenta casas de paja en el que los únicos tesoros eran unos campos de maíz ya listo para cosechar, maíz seco almacenado, cueros de venados y unas «mantas pequeñas de hilo, de poca calidad». Los buscadores de oro siguieron adelante, atravesando lagunas, caminando durante días, enzarzándose en refriegas con los indígenas, comiéndose sus caballos, construyendo embarcaciones con las que dirigirse a los asentamientos españoles en México, sin saber lo lejos que estaban, muriendo por los ataques con flechas que atravesaban sus corazas, por las enfermedades, de hambre, ahogados. Nadie nunca más se encontrará perdido de la forma en que estaban perdidos aquellos primeros conquistadores, deambulando por un continente del que nada sabían, cuyo clima y cuya topografía desconocían, cuyos habitantes no hablaban la misma lengua que ellos, adentrándose en un territorio en el que carecían de las palabras para nombrar esos lugares, plantas y animales —zorrinos, caimanes, bisontes— que tan distintos eran a los del continente del que ellos procedían.

Eduardo Galeano señala que América fue conquistada pero no descubierta, que los hombres que llegaron con una religión que imponer y con sueños de encontrar oro nunca supieron realmente dónde estaban y que ese descubrimiento todavía se sigue produciendo hoy. Esto sugiere que la mayoría de los americanos de origen europeo permanecieron perdidos a lo largo de los siglos, no en términos prácticos pero sí en un sentido más profundo: el de comprender dónde estaban en verdad, el de interesarse por la historia del lugar y por su naturaleza. En lugar de eso, le pusieron los nombres de los lugares de los que venían y trataron de reconstruir esos lugares importando plantas, animales y costumbres, aunque la calabaza, el arce y otros alimentos se incorporarían a su dieta igual que palabras como «Connecticut», «Dakota» y «mapache» se incorporarían a su vocabulario. Pero Cabeza de Vaca y sus compañeros quedarían conquistados por esta tierra y por sus habitantes, y parece que al menos él sí llegó a saber dónde estaba. De los seiscientos hombres que partieron en esa expedición, todos menos cuatro murieron en aquel lugar que no conocían, ya fuera de forma rápida (por la violencia, las enfermedades o el hambre) o lenta (tras ser esclavizados o acogidos por las tribus indígenas), y la mayoría de sus vivencias se perdieron en la noche de la historia.

En el delta del Misisipi, Narváez metió a los hombres más sanos y fuertes en su barca, se alejó remando y abandonó a las otras dos embarcaciones. Pasaron varios días. Una de las barcas naufragó en una tormenta. Cabeza de Vaca iba al mando de la otra, donde todos los hombres «estaban tirados unos sobre otros, a punto de morir. Había muy pocos que conservasen el sentido y solo cinco capaces de hacer algo. Al llegar la noche, solo quedábamos el maestre y yo para gobernar la barca, y a las dos horas el maestre me dijo que me hiciese yo cargo de ella, porque él se encontraba tan mal que creía que iba a morirse». Pasada la medianoche, recuerda Cabeza de Vaca, «hubiera aceptado yo verdaderamente la muerte con mejor voluntad que el tener que ver tanta gente delante de mí en tales condiciones». Al amanecer oyó el ruido de las olas y, con la luz del día, llegaron a lo que probablemente fuera la isla de Galveston, en Texas, y «la gente empezó a volver en sí» y a recuperar el sentido, las fuerzas y la esperanza. Los indígenas les dieron pescado y raíces; volvieron a embarcarse, pero la barca volcó cerca de la costa y los supervivientes quedaron «tan desnudos como nacimos»; perdieron todo lo que tenían y de nuevo quedaron a merced de los indígenas. Había llegado el invierno, los españoles empezaron a morirse de hambre, los indígenas comenzaron a morir de la disentería que habían traído los conquistadores, y los dieciséis supervivientes, de los cerca de noventa que habían naufragado, bautizaron aquel lugar como «la isla de Mal Hado».

Cabeza de Vaca fue hecho esclavo de esta tribu, con la que llevó una dura vida que «no podía aguantar», donde se le hizo realizar arduos trabajos como desenterrar raíces del agua y de entre las cañas. Quedó anulado como persona, sin lengua, sin ropa, sin armas, sin poder, pero se escapó y se labró un oficio como comerciante de caracolas de mar, almagre y frutos de algarroba en la región. Da la impresión de que tenía una resistencia física extraordinaria y la capacidad de reinventarse una y otra vez. Se pasaba días o semanas caminando con una sola comida austera por día. Volvieron a tomarlo prisionero. Se reencontró con otros supervivientes de la expedición y junto a ellos huyó de aquel nuevo cautiverio. Llegaron al territorio de otra nación indígena, donde fueron recibidos como sanadores, y se quedaron allí hasta la primavera. Y lo asombroso de esta parte de su relato es que cuenta que un día, buscando unos frutos similares a las algarrobas, se perdió. Se había adaptado tanto a esa nueva vida con la que había tropezado que ya no le parecía estar perdido hasta un día en que se apartó de la ruta y de sus compañeros mientras iban por la región sin senderos en la que crecían aquellos frutos. Pasó cinco días caminando, cargando tizones con los que encender hogueras para no enfriarse por las noches, y al quinto día alcanzó a los otros supervivientes de la expedición de Narváez y a los indígenas, que le dieron de comer tunas.

Como andaban desnudos bajo el sol abrasador, Cabeza de Vaca cuenta que él y sus compañeros «mudábamos la piel dos veces al año» como serpientes y que tenían heridas del sol, del viento y del roce de las cargas que transportaban (aunque uno de ellos, «el negro» Estebanico, o Esteban, era africano y debió de salir mejor parado en lo que a las quemaduras se refiere). Una vez más «acabamos siendo todos médicos, aunque en el atrevimiento y osadía para acometer cualquier curación era yo el más señalado entre ellos y jamás hubo a quien curásemos que no nos dijese que quedaba sano. Tanta confianza tenían en que habían de sanar si nosotros los tratábamos, que estaban convencidos de que, en tanto estuviésemos allí, ninguno de ellos moriría». Transcurrieron meses, en los que vivieron con distintas tribus; habían pasado años desde las catástrofes de Florida. Siguieron camino hacia el oeste. Parece que, en algún momento de este recorrido, aquellos supervivientes desnudos e infatigables adquirieron la categoría de seres sagrados. Su viaje se había convertido en un desfile triunfal en el que los acompañaba un séquito de tres mil o cuatro mil personas de la zona, y en cada nuevo pueblo al que llegaban los recibían como a hombres capaces de obrar milagros y organizaban bailes en su honor. Los obsequiaron con cascabeles de cobre, cuentas de coral, turquesas, cinco puntas de flecha verdes cuya malaquita Cabeza de Vaca confundió con esmeralda y una ofrenda de seiscientos corazones de venados. Llevaban nueve años deambulando cuando llegaron a lo que bautizó como «Pueblo de los Corazones».

Poco después se encontraron pruebas y tuvieron noticia de la presencia de conquistadores en la zona: habían llegado a lo que hoy es el estado de Nuevo México, donde encontraron «muchas tierras, y todas las hallamos despobladas, porque sus moradores andaban huyendo por las sierras (...) por miedo de los cristianos». Luego de asegurar a los indígenas que iban a ordenar a los españoles «que no los matasen, ni los esclavizasen, ni los echasen de sus tierras», Cabeza de Vaca y sus tres compañeros siguieron adelante. En el relato de los acontecimientos que escribiría a posteriori, Cabeza de Vaca incluyó el consejo de que solo tratando bien a aquella gente se lograría su sometimiento a España y al cristianismo. Un día se puso en camino con su compañero de piel negra y con once nativos y, luego de recorrer más de cincuenta kilómetros a pie, al día siguiente se encontraron con unos españoles a caballo que iban

en busca de esclavos y que se quedaron atónitos ante aquella
figura desnuda que se veía tan cómoda entre la gente y los lugares de ese otro continente. Aunque llevaba casi una década
intentando por todos los medios volver con los suyos, este encuentro inicial no fue fácil. Los españoles con los que se encontró querían esclavizar a la comitiva de Cabeza de Vaca, y él
y los otros supervivientes se enojaron tanto que «al marchar-
nos dejamos muchos arcos turquescos que traíamos, y muchos
zurrones y flechas, y entre ellas las cinco de las esmeraldas, que
no nos acordamos de ellas y así las perdimos». Los indígenas
entre los que se encontraron luego de replegarse se negaban a
creer que pertenecieran a la misma tribu que los conquistadores, porque «nosotros veníamos de donde salía el sol y ellos de
donde se pone; que nosotros sanábamos a los enfermos y ellos
mataban a los que estaban sanos; que nosotros íbamos desnudos y descalzos y ellos vestidos, en caballos y con lanzas; que
nosotros no teníamos codicia de ninguna cosa, sino que re-
partíamos todo cuanto nos daban, y los otros no tenían otro
fin sino robar cuanto hallaban, y nunca daban nada a nadie».
Esos hombres que venían de donde se pone el sol eran lo que
había sido él al desembarcar en Florida.

Después de llegar a una villa española en México, le tomó
algún tiempo poder ponerse ropa de nuevo y dormir sobre algo
que no fuera el suelo. Había andado desnudo, había mudado de
piel como una serpiente, había perdido la avaricia y el miedo,
había sido despojado de casi todo lo que puede perder un ser
humano sin llegar a perder la vida, pero había aprendido varias
lenguas, se había hecho sanador, había llegado a identificarse
y por fin admirar a las naciones indígenas entre las que había
vivido; ya no era la misma persona que había sido. El lenguaje del relato que le escribe al rey es conciso, impersonal; sus
frases enunciativas solo se refieren a aspectos concretos —los
lugares, los alimentos, los encuentros—, e incluso estos se pre-
sentan en unos términos enormemente escuetos, con pocas
descripciones, pocos detalles. No existían los términos, o al

menos él no disponía de ellos, con los que describir la extraordinaria transformación que había experimentado su alma. Fue uno de los primeros europeos perdidos en las Américas —y el primero en volver y contar su experiencia— y, como muchos de ellos, lo que hizo para dejar de estar perdido no fue regresar, sino transformarse.

Cabeza de Vaca y sus compañeros se adentraron con deliberación en el paisaje del continente americano, pero en los siglos siguientes muchos entraron en él de forma involuntaria, como cautivos. Algunos de los que regresaron escribieron o dictaron relatos de sus experiencias, y estas historias terminaron conformando un género literario marcadamente americano: la literatura de cautivos. De las historias de quienes no regresaron no ha quedado constancia, claro; sus viajes los llevaron fuera de la escritura, fuera de la lengua conocida, hacia un terreno distinto de la narración.

En muchos casos, al principio estos cautivos y extraviados sentían que estaban lejos de casa, separados de aquello que deseaban, y entonces, en algún momento, se producía un cambio asombroso y empezaban a sentir que estaban en casa y que aquello que habían añorado se había convertido en algo remoto y extraño que ya no deseaban. Para algunos, quizá llegó un punto en el que se dieron cuenta de que los anhelos del pasado se habían vuelto una costumbre más que otra cosa y de que no sentían el deseo de regresar a su hogar, sino que ya hacía tiempo que estaban en él. Para otros, el sueño de volver a casa debe haberse desvanecido gradualmente a medida que su entorno se volvía cada vez más familiar. Debieron de aprender su entorno como se aprende un idioma, hasta despertarse un día hablándolo con fluidez. De alguna forma, para estos náufragos lo lejano se convirtió en cercano y lo cercano se volvió lejano. Acogieron lo desconocido en lugar de rechazarlo, y en el transcurso de este proceso lo desconocido pasó a ser familiar. Al final de su periplo de diez años, Cabeza de Vaca ya no estaba en armonía con su propia cultura, pero la había conservado

como un destino, como una meta, lo que le dio un objetivo
que perseguir y lo mantuvo en movimiento, aunque la llegada supusiera otro trauma. Muchos otros no quisieron regresar.

En mitad del invierno de 1704, en Deerfield, una población
de Massachusetts situada en el límite del territorio colonizado,
Eunice Williams, de siete años, fue capturada por un grupo de
atacantes indígenas y franceses junto con su familia y muchos
de sus vecinos, un total de ciento doce personas. Les dieron
mocasines para calzarse y los hicieron emprender una marcha
por la nieve que los llevó desde el norte de Massachusetts y a
través de Nuevo Hampshire casi hasta Montreal. Algunos de
los captores estaban heridos y moribundos, y algunos de los
cautivos que no podían mantener el ritmo (sobre todo niños
pequeños o mujeres que acababan de dar a luz, incluida la
madre de Williams) fueron asesinados y sus cuerpos se dejaron abandonados en la nieve por el camino. A muchos niños
los llevaron en brazos durante todo el trayecto o parte de él.
Algunos de estos chicos no eran simplemente prisioneros,
sino niños a quienes los indígenas podrían adoptar. El hermano mayor de Eunice, Stephen Williams, estuvo en manos de
los abenakis y más tarde de un jefe pennacook, pero fue «re-
dimido» (el término de carga religiosa que se empleaba), es
decir, liberado a cambio del pago de un rescate, en la primavera de 1705. Eunice fue retenida cerca de Montreal por los iroqueses mohawk y nunca regresó.

Los iroqueses practicaban una ceremoniosa forma de adop-
ción mediante la cual un cautivo podía reemplazar a un familiar que hubiese fallecido, y en ocasiones se secuestraba a una
persona expresamente para sustituir a alguien que había muerto en la batalla. El cautivo recibía un nuevo nombre y se le trataba como a un miembro más de la familia. A veces el nombre
era el de alguien que había muerto y, en cierto modo, la persona que lo recibía heredaba la posición y la identidad del fallecido. Con toda solemnidad, de manera oficial, Eunice Williams
se convirtió en otra persona. Al cabo de unos años, todos los

miembros de su familia que habían sobrevivido regresaron a sus comunidades puritanas, pero la gente con la que vivía Eunice decía que «se les habría partido el corazón» si hubieran tenido que separarse de ella. Eunice se quedó con ellos, enseguida olvidó cómo hablar inglés, recibió un nuevo nombre, después otro asignado en un bautismo católico (para su padre, un pastor puritano, que se convirtiera al catolicismo fue casi más escandaloso que el que se hubiera vuelto indígena) y finalmente un segundo nombre iroqués.

En 1713, cuando aún era adolescente, contrajo matrimonio con un miembro de la comunidad llamado François Xavier Arosen, con quien permaneció hasta la muerte de él, cincuenta y dos años más tarde. En 1722, su hermano Stephen relataría en su diario la visita de un hombre llegado desde Canadá: «Trae malas noticias de ahí. Mi pobre hermana vive con su marido indio; ha tenido dos hijos, de los que uno sobrevive y el otro no». Los Williams nunca dejaron de llorar su pérdida y de considerarla perdida también en el sentido espiritual. Sin embargo, hacía tiempo que Eunice Williams había dejado de ser una cautiva. Por fin, en 1740, se reencontró con Stephen y sus otros hermanos, viajó con ellos hasta la casa familiar e incluso asistió al «culto público» con ellos. «Oh, si esto fuera como una promesa de que regresará a la casa y los ritos de Dios de los que se ha visto separada por tanto tiempo», escribió Stephen, aunque, obedeciendo a sus costumbres, ella se negó a «abandonar sus mantas indias» y acampó en un prado con su marido en lugar de alojarse en casa de sus parientes. Eunice estaba manejando la distancia emocional y cultural con cautela, a su manera y no a la de ellos. Volvió a visitar a su familia biológica unas cuantas veces más, pero nunca abandonó la comunidad que la había hecho cautiva y en ella murió a la edad de noventa y cinco años.

Su familia siempre se refirió a ella como si se hubiera ido a otro mundo que quedaba fuera de su alcance, pero lo llamativo es que, incluso en el siglo XVIII, las fronteras entre esos dos mundos eran difusas. Los mohawks con los que vivía Eunice mantenían estrechos vínculos con los jesuitas de Montreal, y el intercambio entre las distintas comunidades francesas, inglesas e indígenas era considerable. Pero aun así era un mundo distinto. Eunice ya no hablaba la misma lengua que sus parientes, pasó más de tres décadas sin verlos y vivía con un pueblo cuyas creencias y costumbres eran totalmente diferentes de las puritanas. En su libro sobre Williams, *Historia de una cautiva*, John Demos sugiere que los iroqueses trataban mejor a los niños, y que quizá para los blancos lo más difícil de aceptar, a menudo incluso de concebir, es que hubiera cautivos que prefirieran la cultura de los indígenas.[2] Vistas desde el presente, la cultura de los españoles de Cabeza de Vaca y la de la familia de Eunice Williams parecen más hostiles, e igual de lejanas, que las culturas indígenas en las que vivieron. Tienen algo obstinado, obsesivo, inflexible, tan duro y rígido como las corazas de los conquistadores, tan árido como la teología puritana.

Algo de esto se aprecia en la forma en que Stephen Williams se negaba a verla más que como a una figura trágica, una cautiva, alguien que esperaba el momento de regresar, en su negativa a entender que su hermana se había transformado en otra persona. La palabra *perdido*, en este contexto, tiene muchos matices. Al principio la cautiva (pues con frecuencia eran cautivas y no cautivos) se ha perdido en el sentido literal, ya que se la han llevado a *terra incognita*. Y, a menos que sea redimida, a ojos de aquellos de quienes se alejó permanece perdida, así que a menudo se emplea el lenguaje que se utiliza para hablar de las cosas perdidas y se describe a la persona como se describe un objeto extraviado (como quien pierde un paraguas, unas llaves), sin reconocer que es muy posible que la persona

---

2 Todas las citas sobre Eunice Williams están tomadas del libro de John Demos, *The Unredeemed Captive*, Nueva York, Alfred A. Knopf, 1994. (Se cita traducción de Martí Soler Vinyes y Pablo Soler Frost, *Historia de una cautiva*, Madrid, Turner, 2002).

ya no sea una cautiva ni esté perdida. Pero la palabra *perdido* también tiene connotaciones espirituales, como en el verso del himno del tratante de esclavos arrepentido: «Estuve perdido, pero ahora he hallado el camino».[3] Solía pensarse que la persona retenida entre los infieles estaba perdida en el sentido espiritual, apartada del cristianismo y de la civilización. Así, quienes habían sido hechos cautivos nunca dejaban de ser vistos como personas perdidas, fuera cual fuese su situación. Pero esa no siempre era la idea que tenían ellos de sí mismos y da la impresión de que, en cierto sentido, los cautivos tenían que perder su pasado para poder vivir en el presente. Esta renuncia a los recuerdos, a los antiguos vínculos, es el elevado precio de la adaptación.

Mary Jemison, que fue capturada junto a su familia en Pensilvania en 1758, le narró su historia a un escribiente, por lo que, a diferencia de la de Williams, su voz ha sobrevivido.[4] Cuando tenía unos quince años, tuvo lugar un ataque a la granja de sus padres, situada en los límites del territorio colonizado. Los prisioneros tuvieron que caminar seguidos de un indio que obligaba a los niños a mantener el ritmo con un látigo. Después de hacerlos marchar y tenerlos varios días sin comer ni beber, los llevaron «a la orilla de un oscuro y tétrico pantano». Una vez ahí, ella y un niño pequeño recibieron unos mocasines, señal de que su viaje iba a continuar, mientras que los otros prisioneros, incluidos sus padres y hermanos, fueron asesinados y «mutilados de forma absolutamente atroz». Igual que Eunice Williams, Mary fue adoptada. Sería la sustituta de un hermano fallecido y a partir de entonces se refirió a las dos mujeres senecas a quienes fue entregada («mujeres amables y

---

3   «I once was lost but now am found», del himno cristiano «Amazing Grace», de John Newton [N. de la T.].
4   La historia de Mary Jemison se encuentra en la compilación de Frances Roe Kestler, *The Indian Captivity Narrative: A Woman's View*, Nueva York, Garland, 1990.

bondadosas, de temperamento dulce y pacífico») como sus hermanas. El trauma del cautiverio, del asesinato de sus familias y de la llegada repentina a una nueva vida en otra cultura y otra lengua tenía que ser considerable, pero adaptarse a todo ello era cuestión de supervivencia, y estos niños cautivos sobrevivieron y florecieron en sus nuevas vidas. La ruptura con lo anterior debió de ser tan abrupta y violenta como un nacimiento.

Más de un año después de su captura, Mary acompañó a los senecas con los que vivía en una ocasión en que visitaron Fort Pitt (la futura Pittsburgh), donde los blancos mostraron tal interés en ella que sus hermanas la «metieron en su canoa a toda prisa y volvieron a cruzar el río», por el que hicieron el largo trayecto hasta casa sin detenerse. «Al ver a personas blancas que hablaban inglés sentí un ansia indecible de irme a casa con ellos y participar de las bondades de la civilización. Partir de allí de repente y huir de ellos fue como vivir un segundo cautiverio, y durante largo tiempo estuve pensando a todas horas en mi desdichada situación, casi con el mismo dolor y pesadumbre con que había vivido mis primeros sufrimientos. Con el tiempo, destructor de todas las emociones, se fueron borrando aquellos desagradables sentimientos y volví a recuperar el contento de antes. Cuidamos de nuestros campos de maíz durante todo el verano (...)». Se casó, tuvo un hijo, perdió a un marido, y para entonces sentía que su hogar estaba entre los senecas.

La posibilidad de regresar con los blancos volvió a presentarse cuando un holandés empezó a acecharla con la esperanza de secuestrarla y después entregarla a cambio de una recompensa. Jemison decidió que no iba a permitir que volvieran a capturarla y echó a correr «con toda la velocidad de la que fui capaz» hasta un escondite. Inspirado por el holandés, un líder seneca pensó en entregarla él mismo a cambio de la recompensa, así que ella volvió a esconderse entre la vegetación con su pequeño hijo. Deseaba con todas sus fuerzas quedarse en el lugar del que en otros tiempos había ansiado marcharse. Volvió a casarse, tuvo seis hijos más y llegó a ser propietaria de una gran extensión de tierra («en virtud de un título de propiedad de los jefes de las Seis Naciones»), donde pasó el resto de su larga vida. En su autobiografía, filtrada a través de la pluma de un escribiente, describió esa vida como «una trágica mezcla que espero que nunca se repita». Pero era a las muertes de sus hijos y a la discordia entre ellos a lo que se refería; sus problemas se habían vuelto todos personales y la propia tierra en la que vivía fue un lugar de encuentro entre las dos culturas, ya que arrendaba terrenos a agricultores blancos.

Para estas cautivas del este del continente, el solapamiento geográfico daba lugar a que las fronteras entre las culturas se difuminaran. Para Cynthia Ann Parker no fue así. En 1836, cuando tenía nueve años, ella y su familia fueron capturados por los comanches en las llanuras de Texas donde se habían asentado (o que habían invadido) recientemente. Su familia fue masacrada. Ella fue la única superviviente, se casó con un prominente miembro de su nueva comunidad, Peta Nocona, y tuvo dos hijos y una hija. Un cuarto de siglo más tarde se produjo otra batalla, esta vez iniciada por hombres blancos, y fue capturada a caballo con su hija menor en brazos. Le hicieron creer que su esposo había muerto en la batalla, aunque parece que no fue así. De todos modos, nunca volvió a ver a su marido ni a sus hijos varones. Un tío suyo de Fort Worth se hizo cargo de ella y la tuvo prisionera, encerrada bajo llave por las noches para que no se escapara con su hija. En los diez años que pasó viviendo en la que había sido su cultura y ya no lo era, nunca volvió a aprender bien el inglés. Un hombre que la conoció recordaba que «tenía una expresión salvaje y llevaba la vista al suelo cuando la gente la miraba. Sabía manejar un hacha igual que un hombre y no le gustaba la gente perezosa. Era experta en curtir pieles sin quitarles el pelo, o en trenzar o tejer cuerdas o látigos. Pensaba que sus dos hijos andaban perdidos por las praderas y eso la disgustaba mucho». Los blancos siempre

la vieron como a alguien que había sido rescatada, pero parece que ella se veía a sí misma como encarcelada. Su hija falleció y, diez años después de su secuestro, Parker, muy debilitada
por haber dejado de comer, murió de una gripe. Nunca volvió
a ver a sus hijos, pero uno de ellos fue a reclamar sus restos cuarenta años después para llevársela a su mundo y volver a ente-
rrarla ahí.[5]

Hay historias menos extremas, como la de Thomas Jefferson
Mayfield, cuya familia se trasladó de Texas a California en la
década de 1840. Se asentaron en el valle de San Joaquín, donde
sus vecinos indígenas los mantenían abastecidos de pescado,
carne y pan de bellota. Al enviudar, su padre se vio incapaz de
cuidar de su hijo a la vez que se ocupaba de su negocio itine-
rante y dejó que se fuera con los indígenas choinumnes, de la
tribu de los yokuts. A diferencia de todos los relatos de cautivos en los que el contacto se inicia con una batalla masculina,
o de la violenta inmersión de Cabeza de Vaca en lo desconocido, es el carácter sosegado de la transición de Mayfield de una
cultura a otra lo que resulta llamativo. Los yokuts se convirtieron en sustitutos de la figura materna, aunque no fue adoptado por una sola mujer: todas lo cuidaban y, por lo visto, era
uno más entre los otros niños. Ellos fueron su hogar durante
una década, y pasó largos períodos, a veces de hasta tres años,
sin ver a su padre. Al final, cuando estalló la guerra de Secesión
y los yokuts se vieron cada vez más asediados por los colonos
blancos, Mayfield regresó a la cultura en la que había nacido.[6]
En cierto modo, sus memorias marcan el final de la literatura

---

5 La historia de Cynthia Ann Parker está tomada de Margaret Schmidt
   Hacker, *Cynthia Ann Parker, the Life and the Legend*, El Paso, Texas
   Western Press, 1990.
6 La historia de Thomas Jefferson Mayfield está narrada según su relato de los
   acontecimientos, publicado con una introducción de Malcolm Margolin
   y con el título de *Indian Summer. Traditional Life among the Choinumne
   Indians of California's San Joaquin Valley*, Berkeley, Heyday Books/
   California Historical Society, 1993.

de cautivos (si bien seguiría habiendo cautivos posteriormente, bien avanzado el siglo XIX), ya que las naciones indígenas estaban perdiendo la libertad en sus propias tierras; ellos mismos se estaban convirtiendo en cautivos dentro de la cultura que se expandía como dominante y pocos recibieron una acogida tan amable como la de estos niños. Ya no eran individuos, sino culturas enteras, quienes estaban siendo sometidas a un abrupto choque con lo diferente, quienes estaban recorriendo ese camino entre lo cercano y lo lejano.

Al leer estas historias, es tentador pensar que las artes que uno debe aprender son las del rastreo, la caza, la orientación, las técnicas de supervivencia y de huida. Incluso en el mundo cotidiano de hoy en día ese ansia por sobrevivir se manifiesta en vehículos y prendas de ropa diseñados para condiciones mucho más severas que las que nos rodean, como si de alguna forma quisiéramos expresar que la vida es dura y que estamos preparados para enfrentarla. Pero las verdaderas dificultades, el verdadero arte de la supervivencia, parecen residir en terrenos más sutiles. Lo que se necesita en esos terrenos es una especie de resiliencia psicológica, estar preparados para hacer frente a lo que venga. Estos cautivos hacen patente de manera cruda y dramática algo que sucede en las vidas de todo el mundo: las transiciones a través de las cuales uno deja de ser quien era. Aunque casi nunca es algo tan drástico, en cierto modo este viaje entre lo cercano y lo lejano tiene lugar en las vidas de todo el mundo. A veces una vieja fotografía, un viejo amigo, una vieja carta te recuerdan que ya no eres la persona que fuiste alguna vez, pues la persona que vivió entre esa gente, que apreciaba esto, que eligió aquello, que escribía de esa forma, ya no existe. Sin darte cuenta, has recorrido una enorme distancia; lo extraño se ha vuelto familiar y lo familiar, si no extraño, al menos sí incómodo o inadecuado, una prenda de ropa que ya no te entra. Y hay personas que viajan mucho más que otras. Hay quienes reciben de nacimiento una identidad que les resulta suficiente, o que al menos no cuestionan, y hay quienes emprenden el camino de la reinvención, por supervivencia o por placer, y viajan muy lejos. Algunas personas heredan valores y costumbres que son como una casa en la que habitan; algunos tenemos que prender fuego a esa casa, encontrar nuestro suelo, empezar a construir desde cero, pasar por una especie de metamorfosis psicológica. Cuando la metamorfosis es cultural, la transición es mucho más dramática.

La gente que se ve introducida en otras culturas atraviesa algo similar a la agonía de la mariposa, cuyo cuerpo tiene que desintegrarse y volver a formarse más de una vez a lo largo de su ciclo vital. En su novela *Regeneración*, Pat Barker escribe sobre un médico que «sabía de sobra que muy a menudo, en las etapas iniciales del cambio o la curación, se producía el deterioro. Si uno abría una crisálida, encontraba un gusano podrido. Lo que nunca encontraría era esa criatura mítica, medio gusano, medio mariposa, símbolo del alma humana para aquellos cuya mentalidad los lleva a buscar esa clase de símbolos. No, el proceso de transformación consistía casi por entero en descomposición».[7] Pero la mariposa es un símbolo tan apropiado del alma humana que su nombre en griego es *psyché*, la palabra con la que se designa el alma. No tenemos muchas palabras para apreciar esa fase de descomposición, ese repliegue, ese final que debe preceder al comienzo. Tampoco para hablar de la violencia de la metamorfosis, que a menudo se describe como un proceso tan delicado como el de una flor al abrirse.

Después de escribir esto, un día tengo una hora libre entre una conversación y una obligación y voy al antiguo jardín botánico que hay cerca de mi casa, reabierto hace poco tras algunas renovaciones. Hacía nueve años que no iba, desde que una fuerte tormenta de invierno arrasó con el edificio. Pensaba ir a ver las relucientes hojas de color oscuro, grandes como mapas,

---

7   Pat Barker, *Regeneration*, Londres, Viking, 1991. (Se cita traducción de Carlos Milla e Isabel Ferrer de *Regeneración*, Barcelona, Galaxia Gutenberg, 2014, p. 207).

las enredaderas, los musgos y las orquídeas, y respirar ese aire húmedo, esos placeres envueltos en vapor que conservaba en la memoria. Pero el ala oeste del enorme invernadero, con sus cristales blanquecinos, se había convertido en un jardín de mariposas. En el centro de la sala había un criadero, con un cristal situado a unos centímetros de una tabla de madera, o más bien una serie de estantes poco profundos, de los que colgaba un ejército de futuras mariposas, ordenadas por especies. Las crisálidas habían adoptado la forma de las mariposas que tenían dentro y algunas se movían como agitadas por una suave brisa, aunque las de su lado estuvieran quietas. En el tiempo que estuve allí mirando salieron cuatro mariposas, y otro día que volví vi salir otras siete.

Salían con las alas recogidas como paracaídas plegados, como cartas arrugadas. En el momento en que emergían, parecía increíble que sus amplias alas hubiesen cabido en un espacio tan pequeño. Mientras emergían, sus cuerpos quedaban a la vista de una forma en que prácticamente no serían visibles nunca más, una vez que las alas se expandieran y terminaran por dominar a toda la criatura, y durante esos instantes parecían bichos, insectos, y no lo que serían cuando se convirtieran en puras alas de colores brillantes, casi como primas de las flores, solo que dotadas de sentidos. Sus cuerpos aún estaban llenos del fluido que enseguida tenían que bombear a las alas para estirarlas y transformarlas en las membranas con las que volarían. Se mantenían aferradas a sus crisálidas mientras las alas se iban desplegando en fases casi imperceptibles. Algunas no conseguían liberarse por completo y sus alas no llegaban a estirarse del todo. Una mariposa se quedó inmóvil con una de sus alas naranjas retorcida dentro de la crisálida. Otra parecía haberse quedado atascada para siempre cuando estaba a medio salir; sus alas negras y amarillas eran como capullos que no iban a florecer. Otra empezó a aletear desesperadamente e intentó salir subiéndose a las crisálidas cerradas que tenía al lado, hasta que también estas empezaron a sacudirse, presas de un pánico contagioso. Esa mariposa acabó liberándose, aunque quizá demasiado tarde para que sus alas se desplegaran. El proceso de transformación consiste sobre todo en descomposición, seguida de esta crisis en la que la emergencia de aquello que hubo antes tiene que ser abrupta y total.

Pero no todos los cambios en la vida de una mariposa son tan dramáticos. También están los estadios por los que pasa entre las sucesivas mudas de piel, ya que una oruga, igual que una serpiente, igual que Cabeza de Vaca en su periplo por el sudoeste, se desprende de su piel una y otra vez a medida que va creciendo. La oruga sigue siendo una oruga mientras pasa por las sucesivas fases entre mudas, pero no siempre es la misma oruga con la misma piel. Existen rituales que celebran estas rupturas —graduaciones, actos de adoctrinamiento, ceremonias de transición—, pero la mayoría de los cambios tienen lugar sin que los alentemos o señalemos tan explícitamente. El término inglés que refiere a los estadios de desarrollo de los insectos, *instar*, que contiene la palabra «estrella» [*star*], conlleva algo a la vez celestial y enterrado, divino y funesto, y quizás el cambio sea así, unas veces espectacular y otras más discreto, algo visible y a la vez oculto, una constante oscilación entre lo lejano y lo cercano.

Abandono

Lo más hermoso del hospital abandonado era la pintura descascarada. Las paredes, pintadas una y otra vez en tonos pastel, se habían agrietado en los años en que el edificio había estado abandonado, y las capas de pintura, que se levantaban en forma de rombos y volutas de colores diferentes a cada lado, se mantenían sujetas a las paredes como corteza de árbol apergaminada y se acumulaban en el suelo como hojas caídas. Me recuerdo caminando por un largo pasillo donde no había más luz que la que entraba por unas puertas a lo lejos y en el que la pintura colgaba del techo y de las paredes en forma de enormes láminas. El movimiento del aire que provocaban mis pasos era suficiente para que algunas se desprendieran y fueran cayendo detrás de mí. La película que hicimos ahí era demasiado granulada para que se vieran ese tipo de detalles, pero recuerdo una parte en la que yo iba por uno de esos pasillos y, a los lados de mi cuello, los rayos de luz que venían desde atrás eran tan intensos que a veces parecía que mi cabeza se separaba del tronco y quedaba suspendida sobre él. Me había convertido en un fantasma que se le aparecía a mi propio cuerpo.

Eso fue cuando tenía veinte años, hace media vida, y un chico de mi edad me hizo la propuesta más educada y democrática que había recibido jamás: ¿quería hacer una película con él en el hospital en ruinas que había cerca de mi casa en

San Francisco? Sí que quería, la hicimos, y estuvimos seis años
juntos en increíble calma y fuimos buenos amigos por unos
años más. Era uno de esos prodigios cuyas aptitudes no se ven
en los tests, un genio de lo mecánico-visual-espacial que apenas sabía leer y escribir y a quien le interesaba más la resolución
de problemas, como a los ingenieros, que la expresión personal
o el sentido de las cosas. Era incapaz de inventarse una trama o
escribir un guion, así que yo me encargué de juntar unas cuantas ideas para que pudiéramos filmar el hospital con su cámara
Super 8 y unos rollos de película en blanco y negro (ya entonces un producto poco común) que había conseguido. Esto fue
a principios de los ochenta y, en retrospectiva, me doy cuenta
de que esa época fue una especie de edad dorada de las ruinas.

Para los que alcanzamos la mayoría de edad durante el
auge del punk era evidente que estábamos viviendo el final
de algo: del modernismo, del sueño americano, de la economía industrial, de cierto tipo de urbanismo. Las pruebas estaban por todas partes, en las ruinas de las ciudades. El Bronx
eran manzanas y manzanas de ruinas a lo largo de kilómetros, al igual que incluso algunos barrios de Manhattan; las
viviendas sociales se caían a pedazos en todo el país; muchos
de los muelles de los puertos que habían sido fundamentales
para las economías de San Francisco y Nueva York estaban
abandonados, igual que el gran patio de maniobras de la compañía ferroviaria Southern Pacific y las dos fábricas de cerve-
za más visibles de San Francisco. Los lotes vacíos eran como
los huecos de una tosca sonrisa desdentada dirigida a las calles por las que nos movíamos. Había ruinas por todas partes, porque las ciudades habían sido abandonadas por la gente
con dinero, por la política, por una visión del futuro. Las ruinas urbanas fueron los lugares emblemáticos de esa época, los
lugares que le dieron parte de su estética al punk, y, como casi
todas las estéticas, esta contenía también una ética, una visión
del mundo con unas instrucciones que decían cómo compor-
tarse, cómo vivir.

¿Qué son las ruinas, al fin y al cabo? Son construcciones hechas por el hombre que se han abandonado y han quedado a merced de la naturaleza, y uno de los atractivos de las ruinas en la ciudad es el mismo que el de la naturaleza salvaje: son lugares donde vive la promesa de lo desconocido, con todas sus revelaciones y todos sus peligros. Las ciudades las construyen los hombres (y, en menor medida, las mujeres) pero las destruye la naturaleza, desde los terremotos y los huracanes hasta los procesos graduales de putrefacción, erosión, oxidación, la descomposición microbiana del hormigón, la piedra, la madera y el ladrillo, el regreso de plantas y animales que, con su creación de un orden propio y complejo, desmantelan aún más el sencillo orden instaurado por los hombres. La naturaleza tiene vía libre para hacerse con el control cuando, por motivos políticos o económicos, los lugares se dejan de mantener. Las ruinas también son el resultado de actos vandálicos, incendiarios y bélicos en los que los humanos se comportan de manera salvaje. Hay ciudades en Europa y en el sur de Estados Unidos que han sido reducidas a ruinas intencionadamente a causa de las guerras, pero las ruinas del norte y el oeste de este país responden a otros motivos. Las ruinas fueron el hogar simbólico de una parte considerable del arte de aquellos años —algunas obras fotográficas y pictóricas, gran parte de la música, las películas de ciencia ficción de la época— e incluso sirvieron de escenario para muchos videoclips de rock y fotografías de moda, con sus prendas de aspecto viejo y gastado, estampados militares y tejidos de tela de araña. Eran paisajes del abandono, primero el de la falta de mantenimiento de los lugares y el vandalismo, después el de quienes se abandonaron a sus pasiones entre las ruinas.

Una ciudad se construye a imagen y semejanza de una mente consciente, una red capaz de calcular, administrar, producir. Las ruinas se convierten en el inconsciente de una ciudad, en su memoria, en sus territorios ignotos, sombríos, perdidos, y es en ellas donde verdaderamente cobra vida. Con las ruinas, una ciudad se libera de sus planes y se convierte en algo tan complejo como la vida, algo que puede explorarse pero quizá no cartografiarse. Es la misma transmutación que aparece en los cuentos de hadas en los que las estatuas, los juguetes y los animales se vuelven humanos, aunque a estos se les insufla vida, mientras que, con las ruinas, a la ciudad se le insufla muerte, pero una muerte generadora, como la del cadáver que sirve de alimento a las flores. Las ruinas urbanas son espacios que han quedado al margen de la vida económica de la ciudad, y en cierto modo son el hogar ideal para la clase de arte que también está al margen de la producción y el consumo habituales de la ciudad.

El punk había irrumpido en mi vida con la fuerza de una revelación, aunque ahora no puedo decir que la revelación fuera mucho más que un tempo y una intensidad subversiva que encajaban con la explosiva presión que había en mi propia psique. Tenía quince años y, cuando me acuerdo de mí misma en ese entonces, me veo despidiendo llamaradas, precipitándome al abismo, y me asombra que sobreviviera, no al mundo exterior, sino al interior. Los lugares con los que he sentido una conexión más intensa antes y después de esa época han sido los ambientes rurales y agrestes, pero durante la década que comenzó con mi descubrimiento del punk fueron las ciudades. Muchas veces he dicho que lo social es un relleno con muy poca sustancia que se mete entre las rebanadas de lo físico y lo espiritual, pero eso es lo social entendido en su concepción más reduccionista, una que define las posibilidades del ser humano en términos limitados y predecibles. El punk —con sus pogos, sus revientes, sus artistas que se lanzaban al público desde el escenario, sus altavoces que hacían que te vibraran los huesos, con su indignación política y su afán de expresar y provocar actitudes extremas— era un levantamiento colectivo contra esa concepción de lo social. Igual que las ruinas, lo social puede convertirse en un lugar salvaje en el que el alma también se desenfrena y va en busca de algo que trasciende sus propias fronteras, que trasciende su imaginación. Y hay un tipo específico de salvajismo, que tiene que ver con lo erótico, lo embriagador, lo transgresor, que es más fácil de encontrar en las ciudades que en la naturaleza salvaje. También tiene sus tiempos, la juventud y la noche.

Pienso ahora en la historia de Deméter y Perséfone. A lo mejor Perséfone estaba encantada de fugarse con el rey de los muertos a su reino subterráneo; a lo mejor era la única forma que tenía de ser independiente de su madre; a lo mejor Deméter era una mala madre de la misma forma en que el rey Lear era un mal padre, por querer ir en contra de las leyes naturales, incluida la de que los hijos dejen a sus padres. Quizá para Perséfone Hades era el tipo mayor increíblemente atractivo que sabía todo lo que ella ansiaba saber; quizá le encantaban la oscuridad, los seis meses de invierno, el sabor ácido de las granadas, el verse libre de su madre; quizá sabía que para estar verdaderamente viva también había que tener presente la muerte, y transitar el invierno. Fue siendo reina de los infiernos como Perséfone se hizo adulta y ganó poder. El reino de Hades se llama el inframundo porque está debajo del mundo, del mismo modo que a los sectores de las ciudades que viven al margen de la ley se los llama los bajos fondos. Y, así como en los mitos de la creación del pueblo hopi los humanos y otros seres surgen de debajo de la tierra, es del *underground*[1] de donde surge la cultura en esta civilización.

Cuando voy a ciudades pequeñas, a veces veo adolescentes que parecen fuera de lugar en ese ambiente idílico con su pinta de torturados, con esas ropas andrajosas, mugrientas y rajadas que han pervivido de la moda de mi juventud. Su verdadero hábitat durante esa fase de su vida es el inframundo, y en la sordidez y la crudeza de una gran ciudad podrían encontrar algo que se le parece. Hasta el reloj interno de los adolescentes cambia

1 Literalmente, «subterráneo», «bajo tierra» [N. de la T.].

y se convierten en criaturas nocturnas durante al menos unos años. Nos pasamos toda la infancia orientados hacia la vida y entonces, en la adolescencia, en la flor de la vida, empezamos a orientarnos hacia la muerte. Esta fatalidad se siente como una liberación y se recibe con los brazos abiertos, pues en esta cultura los jóvenes entran en la edad adulta como si entraran en una cárcel y la muerte los tranquiliza al asegurarles que existen salidas. «Casi me he enamorado de la apacible muerte», dijo Keats, que murió con veintiséis años, y lo mismo podíamos decir nosotros, aunque la muerte de la que estábamos enamorados no era entonces más que un concepto.

El título que le puse a la película que filmamos en el hospital abandonado fue *Una cura para la vida*. Poco antes de que empezáramos a hacerla, tuve un sueño en el que yo y una larga fila de mujeres estábamos en unas camas bajas dispuestas en una inmensa y austera sala de techos altos que parecía más una estación de tren que un dormitorio. Era un prostíbulo para soldados. Creo que el origen del sueño debió de estar en parte en el grupo Joy Division, uno de los primeros en utilizar una especie de melancólico canto fúnebre similar al de la música que se llamaría industrial, pero que apenas habían lanzado un par de discos cuando su letrista y cantante, Ian Curtis, se ahorcó. El nombre de la banda era una referencia a la «sección de la alegría», el término que empleaban los nazis para designar un prostíbulo para soldados en el que trabajaban esclavas sexuales. En mi sueño no aparecía el trabajo sexual de forma explícita. Lo único que pasaba era que, cuando estaba en esa larga fila de mujeres, un hombre se acercaba a mí y me entregaba un pequeño obsequio. Yo entendía que aquel regalo que se me había entregado voluntariamente significaba que podía irme de ahí si quería, como si se hubiera formulado una sencilla ecuación según la cual poseer aquel objeto me hacía distinta de las demás mujeres, el que se hubiera hecho una elección significaba que podían hacerse otras. Mi huida, que empezó en ese sueño, continuó con la realización de la película.

No llegamos a rodar esa escena del prostíbulo, pero sí fabricamos el obsequio, una tira de tela en la que el director inscribió y yo bordé un proverbio absurdo sacado de una novela que me había regalado mi tía por mi cumpleaños unos años antes, *Pálido fuego*, de Vladimir Nabokov. «El guante se alegra de perderse», decía. Quizá la película entera fue un regalo que me hizo el director, un impulso para escribir mi propia huida, y la larga tira de tela un hilo como el que siguió Teseo para salir del laberinto de Creta. El hospital ocupaba toda una manzana y tenía cinco plantas de salas y pasillos. Estaba rodeado por una de esas vallas de hierro que parecen una fila de lanzas unidas y que saltábamos antes de colarnos por una de las ventanas del sótano que habían roto los okupas o curiosos cuyas huellas encontrábamos de vez en cuando. El inmenso e intrincado edificio me recordaba a todos esos cuentos de Borges sobre laberintos y bibliotecas infinitas, y en parte el punto de partida de la trama que escribí era que se creía que el hospital era infinito, un interior sin un exterior. Era una metáfora de una enfermedad existencial y una excusa para que la protagonista de nuestra película (yo vestida con un viejo camisón blanco) vagara sin cesar por aquellos pasillos ruinosos envueltos en luz grisácea. También era una época de persecuciones cinematográficas entre la miseria y las ruinas de las ciudades: *Mad Max 2*, *Terminator* y *Blade Runner* son todas de esos años.

Uno de los elementos principales que filmamos de mi huida era un secuestro por parte de un médico chiflado. El médico creía que el alma estaba ubicada en un lugar físico del cuerpo humano, así que se dedicaba a realizar operaciones mortales de cirugía exploratoria para encontrarla. Le escribí una larga perorata que se podía grabar aparte y después agregar a la película muda sin que se notara, ya que llevaba una mascarilla de cirujano. El personaje estaba parcialmente inspirado en *El bosque de la noche*, de Djuna Barnes (otro regalo de la misma tía), una novela que nunca ha formado parte del corpus de la adolescencia pero que podría serlo por sus descripciones de la ansiedad erótica y de estados anímicos extremos. Era al doctor Matthew O'Connor a quien tenía en la cabeza, el locuaz médico travestido que vive en una buhardilla y que, como respuesta a una desconsolada protagonista, se pasa un capítulo entero perorando sobre el amor y sobre la noche con un lenguaje incluso más incrustado de perlas que el del resto del libro. ·

El director de cine y yo aprenderíamos cómo y en qué emplear nuestras capacidades en los años siguientes; la película solo fue una excusa para merodear con algún objetivo por aquellos espacios deliciosamente destartalados. Había una morgue con cajones oxidados del tamaño de cuerpos y un quirófano que tenía una pasarela elevada revestida de azulejos para observar las operaciones, rampas para camillas, montones de viejas historias clínicas que recogían las dolencias y los tratamientos de pacientes que llevaban mucho tiempo muertos y extraños instrumentos cubiertos de óxido, pero ante todo había luz que atravesaba los cristales llenos de polvo y que caía oblicua sobre las salas y pasillos abandonados. En la película participaron distintos amigos, la mayoría igual de *amateurs* que nosotros. Solo había una que ya era artista: Marine. Salía en una escena breve, tocando el violoncello sentada en una cama de hierro cubierta de partituras y sacando de entre ellas el mapa con el que yo conseguiría salir del hospital infinito que me había inventado, un mapa que había dibujado el director.

La última vez que vi a Marine, una noche de verano en que salimos a bailar e hicimos un montón de planes, estuvimos hablando de la primera vez que nos vimos. Había sido poco más de siete años antes, cuando ella iba a cumplir diecisiete y yo aún no tenía veintiuno, unos meses antes de hacer la película. Yo la vi primero, caminando hacia el garaje en el que iba a ensayar con su grupo aquella tarde de primavera, con su abrigo de cuero gris, cargando un contrabajo en una mano y, desde lejos, con la apariencia de una persona mayor y más segura de sí misma de lo que fue nunca. Todos los contrabajos que tuvo siempre parecieron desproporcionados en relación con su cuerpo, y que controlara algo tan imponente parecía una hazaña extraordinaria, algo así como lo de esas niñas que hacen acrobacias encima de grandes caballos en el circo. Sus dedos eran como las velas de las tortas de cumpleaños y se sentía orgullosa de sus callos y de tocar hasta que le sangraban. Había empezado con el bajo eléctrico después de tocar el cello, así que estaba acostumbrada a los instrumentos grandes. Según me contó una de las primeras veces que nos juntamos después de aquel día en el garaje, a menudo soñaba que su violoncello era un barco en el que se alejaba remando de su familia. Entonces no fui consciente de la presencia que seguía teniendo el cello en su vida, de que su madre la convencía para que tocara en las misas en las que ella tocaba el violín todos los domingos, aunque en una ocasión sí fui a ver tocar a Marine, a su madre y a una amiga suya muy arrogante que traficaba cocaína a una misa del gallo en la iglesia católica por la que merodeaba yo de chica, ansiosa por formar parte de algún ritual y por sentirme integrada.

Hay tres cosas que para mí definen a Marine: su belleza, su talento y su temperamento voluble, un carácter esquivo que desquiciaba a quienes querían controlarla y que en mi caso significaba recibir una sorpresa tras otra y ser incapaz de seguirle la pista. Marine era una joven de aspecto delicado y poco femenino, pálida y seductora, con la piel suave y perfecta de una niña y unos penetrantes ojos negros que, más que grandes, deberían describirse como largos. Recuerdo una expresión furtiva que tenía, como la de un animal acorralado, y lo elegante que se había vuelto esa última noche. La gente quería apresarla, como a un animal salvaje, y cuidarla, como a un chico. A menudo se habla de la belleza como si solo despertara deseo o fascinación, pero las personas más bellas lo son de una forma que las hace parecerse al destino, la fortuna o el sentido, como si fueran las protagonistas de una historia extraordinaria. El deseo hacia esas personas es en parte un deseo de alcanzar un noble destino, y su belleza puede parecer una puerta que conduce al sentido y no solo al placer. Sin embargo, sucede a menudo que lo único que tienen de extraordinario esas personas es el efecto que causan en los demás. La belleza y el encanto excepcionales están entre las virtudes que concede el hada malvada en el bautismo. Quien los recibe adquiere un poder considerable sobre los demás, lo cual puede hacer que la persona esté tan ocupada siendo una especie de sirena en las rocas en las que otros naufragan que se olvide de que tiene que encontrar su propio rumbo. Marine tenía ese aire de quien vive dentro de una historia en la que quizás otros también querrían vivir, pero, además de belleza, tenía talento, dedicación y valentía.

Durante los primeros años después de conocernos, éramos buenas amigas y frecuentábamos ambientes parecidos, y también vino a vivir unos meses conmigo después de irse de la casa de un traficante de anfetaminas que vivía muy cerca. Más tarde ella empezó a ampliar los círculos en los que se movía y yo fui quedando absorbida por otros ambientes. Como yo estuve instalada en el mismo lugar todo el tiempo, siempre era ella la que llamaba para darme un nuevo número de teléfono o contarme que había vuelto a casa con su madre y su abuela después de que las cosas fueran mal en su último trabajo o con sus últimos compañeros de casa. La última vez, sin embargo, fui yo quien tuvo el impulso de ir a buscarla a casa de su familia, llamé a la puerta, la encontré ahí (recién llegada tras firmar un contrato discográfico en Los Ángeles) y retomamos la amistad donde la habíamos dejado. Eso fue a principios de mayo. En las semanas siguientes hablamos a menudo. En junio, Marine decidió que quería que saliéramos juntas un sábado, así que pasamos una noche recordando los viejos tiempos y haciendo un montón de planes para el futuro.

Para mí, Marine encarnaba el glamour de un mundo turbulento del que yo nunca llegué a formar parte del todo, de un

talento que me resultaba completamente ajeno. La escritura es
la más incorpórea de las artes, y leer y escribir suelen ser experiencias individuales y solitarias, así que la música y la danza
siempre me han fascinado por ser artes en las que el cuerpo del
intérprete se comunica directamente con el público y establece una especie de comunión que rara vez experimentan los es-
critores. Hay música que contiene palabras, y las letras de las
canciones de rock a veces aspiraban a ser poesía, pero esas palabras siempre eran ante todo sonidos, iban dirigidas al cuerpo antes que a la mente. A Marine le interesaba demasiado
la música como para ponerse a hacer canciones punk de tres
acordes, así que se inclinaba más hacia las formas más elaboradas y menos ideológicas del rock genuino. Tenía unos conocimientos sorprendentes de recónditas referencias culturales,
y no solo relacionadas con la música clásica que había formado parte de la vida de su familia desde los tiempos en que un
bisabuelo suyo se codeó con grandes compositores. De repente describía a alguien diciendo que tenía una barba como la
del marqués de Sade, empleaba algún término rebuscado o se
ponía a hacer comentarios sarcásticos sobre el período barro-
co o las tentaciones de san Antonio. Recuerdo lo mucho que
le gustaba una guía de insectos que se había comprado cuando
vivía en Santa Mónica, publicada por Audubon y llena de ilus-
traciones, cómo le fascinaban las exóticas especies que habita-
ban en aquel cruce de caminos subtropical.

En vez de describirla con tres rasgos, quizá podría describirla con tres lugares: los suburbios en los que nos criamos y
que más tarde despreciamos y abandonamos, la noche urbana que ella convirtió en algo parecido a un hogar, y el mundo
idílico representado por una cultura europea llena de poesía
y tal vez por las colinas que se alzaban tras los jardines de las
casas de nuestra infancia. Nunca conoció a su padre, un músico con el que su madre tuvo una corta relación cuando estudiaba en un conservatorio en Europa, y se llamaba Marine
por la amante de un compositor. Su madre la tuvo muy joven

y estuvieron casi toda la vida de Marine viviendo con sus abuelos, así que se crio con una madre que nunca había llegado a independizarse y unos abuelos cuyo propio talento musical se había ido desvaneciendo hasta quedar reemplazado por embargos y preocupaciones, con tres personas que no parecían trabajar y que no sabían muy bien cómo tratar a una niña. Casi siempre que estábamos en su casa se oían los gritos de su abuela; Marine la llamaba «la verdulera» o decía que eran «las Furias domésticas interpretando su coro de Verdi». Era un grito incesante, una letanía de peligros y traiciones y feroces recordatorios sobre horas de regreso y prendas de abrigo, un alarido interminable sobre la falta de educación de la juventud y la depravación de aquella joven en particular, una salmodia sin interrupción, una única frase iracunda que debió de sonar durante al menos una década. Subía de volumen cuando veía que Marine estaba por irse, interrumpía las conversaciones telefónicas, nos seguía al bajar por las escaleras y al salir por la puerta. Seguramente tenía su origen en un instinto protector, pero hacía mucho que se había agriado.

Cada vez que tenía noticias de ella, sus circunstancias eran distintas: se había ido a vivir con una persona diferente, había dejado un grupo o había empezado a tocar con otro, tenía trabajo, no tenía trabajo, estaba a punto de alcanzar el éxito o reponiéndose de alguna catástrofe, y a los dieciocho o diecinueve años prácticamente dejó de tener amantes masculinos y se pasó a las mujeres, aunque tampoco en ese ámbito parecía que hubiera nada definitivo. No sé si la estabilidad y la seguridad la aburrían, si sus inmersiones en el caos eran parte de la actitud temeraria de quienes a veces caen en la autodestrucción, o si los riesgos simplemente iban asociados a aquello que ejercía atracción sobre ella: las drogas, las aventuras, hacer música, la intensa vida social de aquellos bajos fondos de la escena musical en los que tanta droga se movía. Tenía el aire despreocupado y el estilo al que tanta importancia dan los adolescentes, que tratan de construir desesperadamente una imagen con la que presentarse ante el mundo, lo cual es la antítesis de la transparencia con la que uno podría expresar de forma clara, a sí mismo y a los demás, lo que quiere y necesita. Las corrientes de emociones que nos sacudían aún no eran visibles ni tenían nombre.

De adolescente Marine hacía maravillas con las sombras de ojos, con azules, rosas, dorados y otros colores llamativos que transformaban sus ojos en mosaicos bizantinos. Más tarde empezó a usar cada vez menos maquillaje, y esa última noche no llevaba nada; decía que la hacía parecer mayor. Tenía veinticuatro años. Se había teñido de negro el pelo castaño y, con su pálida, pálida piel aceitunada y su delicada figura, casi parecía estar convirtiéndose en una fotografía de sí misma, una perfecta imagen fugaz. Un gesto de esa noche: su forma de levantar la barbilla y, con los ojos cerrados, apartarse el pelo de la frente con un ademán de cansancio y afectación. Las dos teníamos puestos jeans negros, remeras negras, botas y camperas de cuero. Cuando pasamos por mi casa para escuchar su demo y levantar el manuscrito de mi primer libro, nos arreglamos delante del espejo y bailamos juntas, ahí y en los locales a los que fuimos. El hombre con el que estaba, un músico mayor que ella que tocaba en su grupo de entonces, nos observó con actitud indulgente. Terminamos la noche en un bar de motoqueros, donde Marine atrajo hasta su regazo al enorme gato que tenían como mascota mientras nos tomábamos un último trago.

Se la veía radiante, y le creí cuando me dijo que había dejado las drogas. El día que salimos era sábado; Marine había quedado en reunirse con una mujer el jueves siguiente y quería que el músico y yo también fuéramos. Insistió más de lo normal y me llamó el martes, en parte para preguntarme si se había dejado la camisa y el abrigo en mi coche y en parte para confirmar que me llamaría el jueves a las diez de la mañana para concretar los detalles del encuentro. No solía ser tan clara ni tan formal, así que, al no recibir su llamada, llamé a la casa en la que había estado viviendo las últimas semanas con su grupo. Marine había muerto el martes por la noche, me dijo el músico mayor, destrozado. «La pequeña Marine —dijo—, no puedo creerlo».

Cientos de aventuras con Marine: el paseo que hicimos la tarde de mi vigésimo primer cumpleaños, con ella y con el director de cine, por las ruinas de las piletas de los gigantescos Sutro Baths, en el extremo noroeste de San Francisco, donde las olas rompen con tanta fuerza que las gotas de agua alcanzan una altura de varios metros; una parada durante un ascenso a una colina, entre el verdor de principios de la primavera, en que tiramos piedras a la piscina de una vieja estrella de rock de fama mundial que daba drogas duras a chicas jóvenes por las razones de siempre; la vez que vadeamos un arroyo helado dentro un bosque durante una ola de calor hasta que los pies se nos pusieron azules, después de haber organizado una excursión para hacer volar su barrilete y encontrarnos con que no había viento; Marine con unos diecinueve años, vestida con un camisón de hospital, impaciente y con cara de aburrimiento, tras terminar deshidratada y desmayada después de consumir demasiado *speed*; en la casa de su familia, mirando sus fotos de bebé con la cabeza ladeada y afirmando que era igualita a Mussolini; tirándole rosas al escenario con el director de cine, rosas espinosas que venían del jardín del padre de este y que la cantante del grupo interpretó como un homenaje; Marine y yo saltando el muro del cementerio católico junto a la casa de su familia mientras nos ladraban todos los perros del colegio para ciegos del terreno colindante; volver a casa un día, seis meses antes de su muerte, y encontrarme un mensaje en el contestador en el que, con un tono de extrañeza alegre, decía: «Te quiero. ¡Soy Marine!».

Cuando al día siguiente volví a llamar a la casa de su grupo para preguntar por el entierro, dije: «Pero si se la veía contentísima, parecía que por fin tenía todo en orden», a lo que el músico contestó: «Marine no estaba contenta por ella. Estaba contenta por ti». Me contó que después de nuestra noche juntas se había ido a casa de su familia a cuidar a su abuela mientras su madre se iba de viaje y que ese martes por la noche fue a una fiesta desde ahí. En la fiesta consumió algo que la mató. No era una sorpresa y tampoco parecía del todo real. No dejaba de pensar que se trataba de un extraño error o de una historia que se habían inventado, hasta que llamé a su madre, que me contó lo hermoso que había quedado maquillado el cadáver de Marine e insistió en que fuera a verla al velatorio. Esto era mientras aún tenía sus cigarrillos en mi cenicero, su pelo en mi cepillo, su ropa en mi coche, su voz en mis oídos, muy poco después de haber estado mirándonos juntas al espejo de mi casa, ella más grácil, de belleza más fluida. Ese sábado me escapé de repente de un simposio y fui al velatorio.

Nunca había estado en un lugar así. Un pórtico de estilo georgiano, un largo pasillo con puertas a ambos lados, una familia con niños que se congregaban para asistir a un funeral y me miraban con recelo. El pasillo me desconcertó hasta que me di cuenta de que delante de cada puerta había un atril con un libro de visitas. En el libro del último atril aparecía el nombre de Marine y la puerta de cristal encortinada estaba entreabierta, así que entré. Era una sala oscura que imitaba una capilla y en la que reinaba un extraño silencio. Había unas velas enormes y, sobre un gran ataúd color marfil muy ornamentado que parecía una torta, un vitral que filtraba la luz. El ataúd estaba apoyado sobre un túmulo, como si fuera un altar, y dentro había un pequeño vampiro con cara de niño. Desde la puerta, de perfil, se la veía serena, como una persona dormida. De cerca y con aquella luz no acababa de parecerme ella, lo que me llevó a darme cuenta del peso que había tenido su constante agitación en la impresión que causaba en los demás. El féretro estaba forrado de satén blanco, mullido como una cama, y me descubrí susurrando: «Marine, Marine, Marine, despierta».

Su madre siguió llamándome de vez en cuando durante unos años y en una de esas llamadas me contó que la noche que murió Marine había sido su noche de bodas. El hombre con el que se había casado era joven y tenía dinero; su edad estaba a medio camino entre la de la madre y la de la hija, y Marine había mencionado lo mucho que lo odiaba pero nunca dijo nada de la boda. Su madre volvió a casa a la mañana siguiente y se encontró con la botella de champán que le había comprado Marine para festejarlo y con su propia madre, que la recibió diciendo: «Tienes que ser fuerte, vas a tener que ser muy fuerte». Aquella revelación hizo que los acontecimientos volvieran a ordenarse: parecía que, disgustada y resentida por un matrimonio que quizá iba a suponer que se le cerraran las puertas de aquella casa, Marine no cometió una temeridad porque estuviera intentando huir, sino porque ya no tenía la opción de volver. Doblé el abrigo y la camisa violeta que había dejado en mi coche y los metí en el baúl a los pies de mi cama. Aún siguen ahí. En el bolsillo de la camisa encontré el envoltorio arrugado de una golosina.

Esa época me volvió a la memoria hace unos años, al entrar en una galería de Nueva York llena de fotografías de Peter Hujar, que murió de sida en 1986. En las distintas galerías que había visitado antes de la memorable llegada a aquel espacio había estado viendo obras de arte absolutamente contemporáneo, arte elegante, resplandeciente, ingenioso, arte sobre cuestiones relacionadas con el diseño, la moda, el desapego, arte que en cierto modo reflejaba la pulida superficie de la nueva ciudad que había reemplazado ese paisaje urbano que tanto me conmovía en la obra de Hujar. La propia textura era diferente. En las fotografías saturadas en blanco y negro que Hujar hizo de animales, marginados, personajes excéntricos y lugares en ruinas, el mundo era áspero en todos los sentidos del término. Sus superficies eran porosas, sensuales, dejaban ver el deterioro y el paso del tiempo y poseían algo parecido a una capacidad de absorber: absorber luz, sentido, emoción. La ciudad poseía esa clase de misterio y peligro con los que prometen acabar los proyectos de renovación urbana. Cerca de la galería estaba Chelsea Piers, ahora un lugar «ideal para familias», un centro deportivo de lujo, un complejo caro, reglado, seguro y predecible, lleno de gente sana que simula hacer actividades (como el golf y la escalada) que en realidad solo se hacen en otros sitios. Es un ambiente sintético en un sentido profundo, una síntesis de usos y una simulación de lugares, aunque aún puede volver a acabar en ruinas.

En la página web de Chelsea Piers se omite toda la historia de estos muelles entre 1976 y 1992, cuando comenzó su etapa actual. «Pero los muelles quedaron ahí abandonados, oxidándose con el aire del puerto hasta que el destino quiso que se recuperaran» era lo único que ponían, pero no es cierto que quedaran ahí abandonados. Durante esos años, esa zona autónoma y provisional sirvió de hogar a toda clase de marginados sociales y proscritos sexuales: sadomasoquistas enfundados en cuero, travestis con medias de rejilla, vagabundos, yonquis. Chelsea Piers fue el lugar en el que hacía sus fotografías Peter Hujar y al que acudía en busca de sexo su protegido, David Wojnarowicz (que murió de sida en 1992), quien escribió sobre esos muelles: «Papeles de las viejas compañías navieras desperdigados por todas partes como bombas caídas entre los restos de muebles hechos pedazos; escritorios con tres patas, un sofá de cuero sintético de color verde menta volcado y pequeños rectángulos de luz, viento y agua del río en la pared del fondo. Me inclino hacia él, lo empujo contra la pared, voy subiendo las pálidas manos por debajo de su sweater (...). En el almacén, justo antes de que se hiciera de noche, recorrí los pasillos y fotografié los distintos grafitis de las paredes; los había de hermafroditas y de matones con rasgos afilados fumando cigarrillos (...)».[2] Hay algo en la intensidad

2 David Wojnarowicz, *Close to the Knives. A Memoir of Disintegration*, Nueva York, Vintage, 1991.

emocional, erótica, ética y estética de Wojnarowicz que parece inseparable de esa clase de lugar, pues si él (queer, punk, rebelde, activista) era el artista por antonomasia de su época es porque esa época estuvo definida por esa clase de lugar, ruinoso y sórdido pero de alguna forma aún impregnado de una idea romántica y subversiva de la posibilidad, de la libertad, incluso la libertad de ser idealistas, quizás idealistas a la manera amarga del *No Future* de los Sex Pistols, pero idealistas al fin y al cabo.

«Un error nuclear, pero no tengo miedo —cantaba The Clash—, porque Londres se está inundando y yo... yo vivo al lado del río».[3] Era la era de Reagan y de su política nuclear basada en la provocación y el riesgo, y las imágenes de las ruinas de una guerra nuclear estaban en las mentes de todos. «Los vivos envidiarán a los muertos» era la frase que recitaban como un mantra los activistas de la campaña antinuclear Nuclear Freeze, y las ruinas a las que podría quedar reducido el hemisferio norte se describieron en libros y artículos y se anticiparon en un film para televisión. Yo siempre conté con que viviría en ese mundo posnuclear y, cuando pensaba en mi futuro, me preguntaba si me sería más útil hacer un posgrado o aprender técnicas de supervivencia. Aunque las ruinas eran algo imaginado, una profecía de la arquitectura del futuro, fueron el elemento fundamental de la época. Las grandes ciudades industriales se estaban transformando: los puertos de San Francisco y Nueva York ya casi habían desaparecido y habían dado paso a barrios más residenciales, y las pequeñas industrias de los centros urbanos estaban siendo sustituidas por artistas y por la serena opulencia de quienes a veces siguen e imitan a los artistas.

Ahora estamos en los inicios de una era cuyas construcciones dan mucho más miedo que las ruinas. En la época sobre la

---

3   Versos del estribillo de la canción «London Calling»: «A nuclear error but I have no fear / 'cause London is drowning and I—I live by the river» [N. de la T.].

que estoy escribiendo, nuevas formas de vida basadas en el silicio se estaban colando por todas las rendijas sin hacer saltar las alarmas de que producirían una transformación absoluta y mucho más insidiosa que la guerra nuclear, de que traerían consigo una nueva riqueza que borraría las ruinas. En los años ochenta nos imaginábamos el apocalipsis porque era más fácil de visualizar que los complejos y extraños futuros que nos impondrían el dinero, el poder y la tecnología, unos intrincados futuros de los que es difícil salir. De la misma forma, los adolescentes se imaginan muriendo jóvenes porque les es más fácil imaginarse la muerte que imaginarse a la persona en la que quizá los conviertan todas las decisiones y responsabilidades de la vida adulta. En aquel momento vi la muerte de Marine como el fin de mi juventud porque marcó el fin de mi conexión con aquellos bajos fondos, pero puede que fuera, en cambio, porque la muerte se volvió real.

Mi vida entera había cambiado en el par de años que culminaron en la muerte de Marine: mi padre murió en un país lejano; hubo cosas que había sido demasiado arriesgado ver antes y que salieron a la superficie entonces, por lo que me enfrenté a unos cuantos fantasmas que me enseñaron muchísimo; dejé mi trabajo y empecé a dedicarme a lo que sigo haciendo hoy, escribir por cuenta propia, y el director de cine se fue a vivir a Los Ángeles para iniciar una exitosa carrera en la industria del entretenimiento, una transición que puso de manifiesto que estábamos tomando caminos distintos, así que nos separamos. Perdí toda una vida y poco a poco fui ganando otra, más abierta y más libre. Aunque considero los años ochenta mi fase más urbana, Marine y yo, que nos habíamos criado entre las hermosas colinas de aquel condado suburbano, siempre mantuvimos los lazos con el mundo rural y la naturaleza, porque también en esa dirección se podía escapar.

Ahora pienso que las urbanizaciones de las afueras de las ciudades fueron una especie de tranquilizante para la generación anterior a la nuestra, si es que la topografía puede ser una droga. Los anodinos chalés, las calles de líneas armoniosas que conducían a rotondas sin salida, la homogeneidad, la repetición, los nombres bonitos e insulsos: todo estaba diseñado para borrar el sufrimiento de la pobreza y los conflictos, para borrar las ruinosas casas de vecinos, las barracas, los campamentos de trabajadores itinerantes y los ranchos de los aparceros. Todo eso que ellos querían borrar es lo que nosotros desenterramos y convertimos en nuestra cultura *underground*, nuestro refugio, nuestra identidad. Los jóvenes de entonces, que no estábamos tan lejos de una Europa desaparecida, de la Segunda Guerra Mundial, de las penurias y la desesperación, salimos de aquel sopor y fuimos en busca del mundo de nuestros abuelos. Eso era lo que ofrecía la ciudad, un potente antídoto, la posibilidad de estar plenamente despiertos, rodeados de toda clase de posibilidades, algunas de las cuales, según aprenderíamos por las malas, eran terribles. Todavía hoy vivo en la ciudad, pero en esa época en que todo cambió fue cuando realmente, por primera vez, empecé a avanzar en la otra dirección. Se me estaba presentando otro mundo en el que las noches eran para dormir y, lejos de las luces de la ciudad, para ver las estrellas. Empecé a familiarizarme con la Vía Láctea y con las nítidas sombras que proyecta la luna llena sobre el desierto.

Ahora pienso en aquel abandono de Marine. En cierto modo, esa forma de lanzarse a correr aventuras sin miedo a las consecuencias me parece valiente. ¿O era una desesperación habitada por cosas más horribles que la muerte, un deseo acuciante de la anestesia, la distracción y esa sensación que parece que proporcionan las drogas de tener un destino, un deseo incluso de morir? ¿Era yo una cobarde por no querer explorar esos niveles de la conciencia, por miedo a perderme, a no saber volver? Yo me mantenía sola desde los diecisiete años, y el haber sido independiente desde tan joven me hacía comportarme como si fuera mayor: nunca tuve la certeza de que fuera a haber alguien que me levantara si me caía, y pensaba en las consecuencias de mis actos. Los jóvenes viven totalmente en el presente, pero en un presente lleno de dramatismo e imprudencia, un presente en el que actúan movidos por impulsos, y hacen lo que hacen los demás. Aplican la temeridad de los niños a actos que tienen consecuencias adultas y, cuando algo sale mal, también experimentan la vergüenza o el dolor como un presente eterno. La madurez se compone de una actitud previsora y prudente y de una memoria filosófica gracias a las cuales nos movemos con un paso más lento y seguro. Pero el propio miedo a equivocarse puede acabar siendo una gran equivocación, una equivocación que te impide vivir, pues la vida está llena de riesgos y no correrlos ya supone una pérdida. De joven me perdí muchas aventuras por ese motivo, pero sé que algunos de los múltiples caminos que podría haber tomado conducían a la locura y al sufrimiento, igual que en uno de los caminos de Marine estaba la muerte, lo que cerró todos los otros caminos por los que podrían haberla llevado sus talentos y pasiones.

En unas cuantas ocasiones, unos años más tarde, disfrutaría del sabor metálico de la amapola en distintos estados de pureza y del efecto que tenía en mí, el de transformarme en algo casi reptiliano. Al consumir opiáceos se tiene la sensación de que desaparece no solamente el dolor físico, sino también el existencial, y de que uno se convierte en un frío espectador de sus propias sensaciones y deseos y del paso del tiempo, con esa languidez que prometían todas aquellas imágenes de divanes, cortinajes y largas pipas. Según otra versión más que me contaron de la muerte de Marine, sin embargo, no fue la heroína lo que la mató, sino un shot de *speed* que le dieron las personas con las que estaba para «despertarla». La combinación de las dos cosas es mortífera y, según esta versión, lo que la mató fueron unos cobardes que no quisieron arriesgarse a las posibles consecuencias legales de llamar a una ambulancia en la que podrían haberla reanimado con otra simple inyección. Hoy no sé decir si fue un asesinato, un suicidio, un accidente o todo a la vez. Marine se lanzaba a lo desconocido una y otra vez, pero siempre volvía a casa; yo, en cambio, iba caminando lentamente en línea recta y alejándome del lugar del que había partido.

El azul de la distancia

.

Azul fue el título que le puse a un compilado que grabé en un casete hace unos doce años y que incluía canciones sobre la tristeza, canciones sobre el cielo y canciones sobre las dos cosas. De vez en cuando hacía compilados así, sobre todo para escucharlos en viajes largos por la ruta, en los que intentaba definir qué era lo que me conmovía de la música que había elegido. Uno anterior se había titulado *Lecciones de geografía, en su mayoría trágicas*, y en él también había intentado explorar la evocación de lugares y su resonancia emocional en la música. A un compilado que grabé sobre ríos y sobre la bebida, sobre ahogarse por dentro y por fuera, le puse el título *El enteramente líquido señor North*, en referencia a Abe North y su fatídico alcoholismo en *Suave es la noche*, de F. Scott Fitzgerald, aunque contenía música del sur.[1] En *Azul*, casi todas las canciones tenían alguna relación con el blues, como si la música volviera al anhelo y al azul de la distancia que estaban en su origen.[2]

Había descubierto la música country y western unos años antes. No la moderna, que en su mayor parte es pop sentimental

---

1 El apellido del personaje, North, significa «norte» [N. de la T.].
2 La autora juega en este ensayo con los distintos significados de la palabra *blue(s)*, que en inglés no solo designa el color azul, sino también un estado de ánimo (tristeza, melancolía) y el género musical del blues [N. de la T.].

hecho de violines y ese canto nasal típico del country, sino esas canciones más viejas que exploraban las turbias profundidades de la experiencia emocional. Yo me había criado en un contexto cultural liberal, de la costa, influido por la inmigración, muy alejado de los ambientes que se asocian con esa música, y me habían enseñado a despreciarla y a considerarla manida, trillada y vulgar sin prestarle verdadera atención. Cuando esa música irrumpió en mi vida una primavera, descubrí asombrada que muchas de las canciones más populares eran, como los relatos de Edgar Allan Poe y Katherine Anne Porter, una especie de literatura gótica sureña profundamente enamorada de la tragedia y la topografía. Cuando ahora lo pienso, siento curiosidad por una época en la que la música que sonaba a todas horas en la radio era una desgarradora poética de la pérdida, y también por cómo fue que de aquello se pasó al estilo, este sí verdaderamente manido, de las canciones alegres del country contemporáneo (aunque sigue habiendo grandes baladistas en los márgenes del género).

Las canciones que me calaban más hondo eran como relatos condensados en unas pocas estrofas y un estribillo; siempre abarcaban largos períodos de tiempo y contenían varios planos temporales. Era una música marcada por la persistencia del pasado, que se ocupaba de recuerdos lejanos, que hablaba de personas fallecidas mucho tiempo atrás o que, como mínimo, se dirigía a una persona amada a la que no podían llegarle esas palabras. Era una música solitaria, como la escritura, una música que hablaba consigo misma en esa soledad de la composición y la contemplación, en el libre fluir de un tiempo que es el antes, el después, el entretanto, pero que por algún motivo nunca llega a ser el ahora de un romance floreciente, y quizá ese fuera también el tiempo en que tenían lugar mis largos viajes en coche en el verano, en los que hacía mil, mil quinientos kilómetros en un día, y veía desplegarse una y otra vez (como las películas, como las historias, como los cuentos que los niños piden oír porque los reconfortan) las secuencias de rutas, la 40 por Arizona y Nuevo México, la 80 y la 50 por Nevada y Utah, la 58 y la 285 por el desierto de California, las múltiples rutas secundarias y caminos en los que las mesetas y los restaurantes ruteros siempre eran los mismos y las nubes, la luz y el clima jamás lo eran.

Y no me refiero necesariamente a la música country alternativa y poco conocida. En un mercado de pulgas me compré un casete con los primeros éxitos de Tanya Tucker por veinticinco o cincuenta centavos, cuando recién estaba empezando a husmear en lo que para mí era un territorio completamente nuevo. La cinta era como una antología de relatos. En una de las canciones, una mujer que en su juventud había sido muy hermosa caminaba por una ciudad, trastornada por la pérdida y atrapada en un momento que se había desvanecido mucho tiempo atrás, cargando una valija y esperando al hombre que la había abandonado en un pasado muy lejano. En otra, una voz sin nombre le preguntaba a su amante sin nombre: «¿Te acostarías conmigo (en un campo de piedras)?»,[3] evocando la extraña imagen de unos amantes echados sobre uno de esos suelos graníticos incultivables, y parecía que la intensa necesidad era toda la explicación que requería esa extraña petición. («Walking After Midnight», el gran éxito de Patsy Cline de 1957, presenta una escena igual de extraña e inquietante: ella va caminando por la ruta en plena noche —según la letra de Don Hecht y Alan Block— para decirle al «tú» de la canción que lo ama, lo cual no es una forma muy convencional, razonable o siquiera directa de decir nada, y lo tortuoso del método es directamente proporcional a la imposibilidad de decírselo de verdad, en ese paisaje solitario, al amado anónimo e irrecuperable). En otra canción, una mujer recordaba al hombre que se le había acercado un día siendo una niña. El hombre le había

---

3 «Would you lay with me (in a field of stone)?», verso de la canción homónima compuesta por David Allan Coe [N. de la T.].

preguntado el nombre de su madre y si esta hablaba alguna vez
de un lugar llamado Nueva Orleans, y había terminado en la
cárcel por molestar a una niña. Poco antes del presente en que
se cantaba la canción, el hombre moría y en su cadáver aparecía la nota con la que la madre de la chica le había anuncia-
do el nacimiento de la niña, de modo que el único encuentro
entre padre e hija había sido una catástrofe provocada por lo
no reconocido, por esa incapacidad para conectar que tanta
presencia tiene en estas canciones en las que el tiempo se dis-
pone en capas como las de la tierra de una tumba.

En esas canciones siempre había alguien que recordaba una
tragedia ocurrida mucho tiempo antes, normalmente prota-
gonizada por otra persona, de tal forma que unos acontecimientos que en su momento habían sido terribles aparecían
envueltos en una especie de neblina causada por la distancia. Es la clase de marco temporal que emplea Joseph Conrad
cuando hace que un narrador que se encuentra en un barco
atracado en puerto cuente una historia sobre otro hombre
ocurrida mucho antes en otro mar, un enigma sin resolver y
al que vuelve el relato. El ejemplo perfecto de este tipo de canción, y mi preferida de todas, es «Long Black Veil», que es
cantada por su protagonista desde el más allá, diez años después de haber sido ahorcado por un delito que no cometió,
ante la mirada muda de la mujer de su mejor amigo. Habían
estado juntos, en la cama, pero ninguno de los dos mencionó
la coartada que le habría salvado la vida, de modo que, como
dice el famoso estribillo, ella «camina por estas colinas con un
largo velo negro y visita mi tumba cuando aúllan los vientos
de la noche».[4] Incluso «Ode to Billy Joe», el enorme éxito de
Bobbie Gentry de 1967 que plantea que quizá la joven protagonista haya tirado a su novio desde el puente Tallahatchie (al

---

4   «She walks these hills in a long black veil / She visits my grave when the
     night winds wail» [N. de la T.].

pie de las colinas de Choctaw), alude de algún modo a los fantasmas y espectros que se ven en el espejo retrovisor de un tiempo irrecuperable, hecho de pérdidas y errores irrecuperables. A menudo los protagonistas eran personas anónimas, sin nombre propio, y aparecían descritos con gran imprecisión. Un hombre, una mujer, una persona amada fallecida tiempo atrás, una esposa infiel, un marido cruel, una esperanza abandonada, un sueño vislumbrado y perdido. El territorio en el que tenían lugar estos dramáticos acontecimientos, en cambio, se evocaba con todo detalle una y otra vez y, si bien eran canciones trágicas sobre el amor frustrado entre los seres humanos, también eran canciones de amor sobre lugares, cuyos nombres se recitaban como conjuros y caricias. Los nombres o detalles de puentes, montes, valles, ciudades, estados, ríos (muchísimos ríos) y carreteras se recordaban como en una ensoñación, y los propios estados de ánimo se convertían en lugares, como «la carretera de la Perdición» o «la calle de la Soledad». Así que, aunque eran claramente canciones de amor, en la mayor parte de ellas el paisaje constituía un pilar más firme del ser y era el objeto de otro amor, uno más imperecedero. La tumba, la luz de la intendencia, las colinas y la horca descritas en «Long Black Veil» resultan más vívidas que los protagonistas de la canción. Quizá sea porque no podemos retroceder en el tiempo, pero sí podemos regresar a los escenarios de una historia de amor, de un crimen, de la felicidad y de una decisión fatídica; los lugares son lo que permanece, lo que podemos poseer, lo que es inmortal. Los lugares que nos han hecho quienes somos se convierten en el paisaje tangible de la memoria, y en cierto modo también nosotros nos convertimos en ellos. Son lo que podemos poseer y lo que al final acaba poseyéndonos.

Los únicos nombres propios que se mencionaban en mi vieja cinta de Tanya Tucker eran Brownsville, San Antonio, Memphis, Nueva Orleans y Pecos, pero también aparecían calles, campos, ríos, tiendas, cárceles, barcos y otros lugares. Las personas no tenían nombre y a veces las mujeres empezaban a fundirse con los lugares, como esas figuras trágicas a las que los dioses convertían en rosales o fuentes para calmar su dolor. Estaba, claro, la novia a la que dejan plantada antes de casarse, llamada «Dawn la del delta», y el caso mucho más estremecedor de la joven víctima de una violación que se retrae de su entorno y acaba siendo conocida como «Tierra de Nadie». Con los años se convierte en una mujer muy hermosa y se hace enfermera, y un día se ve en la tesitura de tener que atender al hombre que la violó. La canción no da muchos detalles, pero parece que lo deja morir en lugar de tratarlo, y «ahora el alma de ese hombre vaga por Tierra de Nadie».[5] Es una canción sobrecogedora, sobre el daño que pueden hacerse las personas y sobre la forma en que el violador termina adueñándose de la protagonista dos veces, una de ellas en forma de alma que ronda el limbo en que ella se ha convertido.

En los lugares en los que ha ocurrido algún hecho significativo queda contenido parte del sentimiento asociado a ese hecho, de forma que rescatar el recuerdo del lugar es rescatar el sentimiento y a veces el sentimiento sale a la superficie cuando se regresa al lugar. Todo amor tiene su paisaje. Por eso el lugar, del que siempre se habla como si solo importara cuando estamos presentes, nos posee cuando está ausente, cobra una nueva vida al transformarse en una idea del lugar, en una imagen mental que posee todo el efecto atmosférico y todas las asociaciones de una emoción intensa. Los lugares que tenemos dentro importan tanto como los de fuera. Es como si, al formar parte de nosotros y despertar nuestro anhelo, los lugares se convirtieran en deidades. Muchas religiones tienen deidades locales, espíritus custodios, genios asociados a lugares. En esas canciones, uno puede imaginarse que Kentucky o el río Rojo es un espíritu al que reza quien canta, que está llorando

---

5   «Now his soul's walking / through No Man's Land» [N. de la T.].

la pérdida del tiempo de los sueños que precedió al destierro y en el que vivía entre los dioses, dioses que no eran apariciones sino que eran la geografía, la materia, la tierra misma. Hay un placer voluptuoso asociado a toda esta tristeza y me pregunto de dónde procede, ya que, según nuestra forma habitual de entender el mundo, la tristeza y el placer deberían estar alejados. ¿Es que la alegría que nos proporcionan los demás siempre conlleva el riesgo de tristeza, pues incluso si el amor no se frustra entra en escena la mortalidad? ¿Es que existe un lugar en el que la alegría y la tristeza no son cosas distintas, donde toda la emoción se encuentra junta formando una especie de mar en el que desembocan los ríos de las distintas emociones, bien lejos en nuestros adentros? ¿Es que esa tristeza es simplemente un efecto secundario del arte que describe las cosas más profundas de nuestras vidas y verlas descritas, con toda su capacidad de hacernos sentir soledad y dolor, resulta hermoso? Hay canciones que tienen el poder de la insurgencia; son esencialmente lo que mejor sabe hacer el rock and roll, que surgió de una de las ramas del blues, esas canciones sobre ser joven y sentirnos en el origen de todo, presintiendo todo nuestro potencial. El country, en cambio, al menos el clásico, se ha ocupado principalmente de lo que viene después, de lo difícil que es seguir adelante o de la toma de conciencia que se produce cuando ya no es posible seguir. Si es más profundo que el rock es porque el fracaso es más profundo que el éxito. Es sobre todo del fracaso de lo que aprendemos.

En todos esos viajes de verano, me dirigiera a donde me dirigiera —hacia una persona, un proyecto, una aventura, a casa—, sola en el coche con toda mi vida social ante mí y a mis espaldas, me quedaba embelesada ante la solitaria belleza de la ruta, en una especie de introspección que solo generan los espacios abiertos, porque en ellos el interior y el exterior están más conectados de lo que habilitan las distinciones habituales. La emoción que despierta el paisaje es muy intensa: una alegría cercana al dolor cuando la profundidad del azul del

horizonte es máxima o cuando las nubes hacen esas cosas tan
espectaculares que duran tan poco y que son mucho más fáciles de recordar que de describir. A veces veía mi departamento de San Francisco solo como un lugar en el que me alojaba
durante el invierno, consideraba mi hogar todo el circuito que
hago unas cuantas veces al año por el oeste del país y me veía
como a una especie de *nómada* (en contra de lo que común-
mente se cree, los nómadas tienen recorridos fijos y relaciones estables con los lugares; están lejos de ser las personas sin
rumbo y los vagabundos del Dharma con los que suele asociar-
se la palabra nómada hoy en día). Eso quería decir que todo
aquello era mi hogar, y sin duda produce una emoción intensa el que, por ejemplo, las mesetas que se suceden junto a la
ruta a lo largo de unos ochenta kilómetros al oeste de Gallup,
en Nuevo México, y ciento sesenta kilómetros al este, tengan
la capacidad de conmoverme profundamente incluso al escribir esto, igual que muchos otros lugares, y con el tiempo, más
que ver lugares nuevos, he terminado deseando regresar a los
viejos para conocerlos más a fondo, volver a verlos. Si eso era
mi hogar, sin embargo, entonces era dueña de un territorio inmenso y cautivador del que al mismo tiempo estaba profundamente distanciada.

Lo mismo les pasaba a los protagonistas de esas canciones,
en las que parecía que los nombres de lugares tenían un poder
evocador similar al que tenían en mi vida: me encanta oír a
la gente pronunciar esos nombres. Cuando vivía en Nuevo
México, tenía un alumno que había vivido en mi zona de
California y que me cautivaba y hechizaba al decir «Sebastopol,
Occidental, Freestone, Gravenstein, Petaluma...». Ahora
son los nombres de Nuevo México los que mayor efecto tienen en mí: Golondrinas, Mora, Chacón, Trampas, Chimayo,
Nambe, Río en Medio, Cañoncito, Stanley, Moriarty, las
East Mountains, Cerrillos, Cerro Pelón. Hay todo un género
de canciones que surgió con el blues y que consiste en buena
parte en una sucesión de nombres de lugares, un recitado sobre

geografía; la famosa «Route 66» es la más popular, pero no la única. (Quizá su origen estuviera en los anuncios que gritaban los revisores de los trenes, como sucede en la lista de la canción «Orange Blossom Special», del género bluegrass; quizá los viajes y las listas están necesariamente ligados y una música que habla del movimiento constante crea su ritmo a partir de los nombres de lugares). Una perspicaz aproximación desde los márgenes a la esencia de este género es «Wanted Man», compuesta por Bob Dylan en 1969 y cuya versión más famosa es la interpretada por Johnny Cash. Es una lista arrogante de todos los lugares en los que se busca a un delincuente, enumeración que incluye Albuquerque, Tallahassee, Baton Rouge y Búfalo, un solapamiento entre ser deseado y ser perseguido que contiene insinuaciones perturbadoras sobre los motivos para cometer un crimen.

Que la vida es un viaje es algo que se da por sentado en estas canciones, que al fin y al cabo surgieron en un contexto en que los blancos de zonas rurales se estaban trasladando del campo a la ciudad y los negros del sur emigraban al norte. El amor por el lugar es tan intenso, sin embargo, que este viaje no se formula como el relato de un descubrimiento de lo desconocido lleno de revelaciones, sino como una historia más conservadora sobre la pérdida del territorio conocido en el que nos hemos formado, un territorio que en la canción solo existe en forma de recuerdo, como un mapa trazado en la profundidad de las entrañas y que, si se nos abriera al medio, podría leerse en los pliegues de nuestro corazón. Nadie supera nada; el tiempo no cura ninguna herida; si hoy él ha dejado de quererla, como dice uno de los temas más famosos de George Jones, es porque está muerto.[6] El paisaje en el que se supone que está cimentada la identidad no es un terreno

---

6 Referencia a la letra de la canción «He Stopped Loving Her Today», compuesta por Bobby Braddock y Curly Putman [N. de la T.].

sólido: está hecho de recuerdos y de deseos, no de tierra y piedra, igual que las canciones.

La gente mira al futuro y piensa que las fuerzas del presente
se van a desplegar de una forma coherente y predecible, pero
todo examen del pasado revela que los tortuosos caminos del
cambio son tan extraños que no pueden siquiera imaginarse.
Ninguna lógica ni profecía podría haber explicado la evolución de la ballena, que empezó siendo una criatura acuática
prehistórica y, tras pasar muchos miles de años en la tierra, volvió al mar y se convirtió en un animal totalmente distinto de
cualquier ser capaz de sobrevivir en la superficie terrestre. La
música que llamamos blues es otro buen ejemplo de hechos
inverosímiles: una evolución de la música africana en el sudes-
te de Norteamérica, influida por el fenómeno de la esclavitud
y por el contacto con la lengua inglesa, con los instrumentos
europeos y posiblemente con las baladas irlandesas, escocesas
e inglesas, con la apasionada melancolía de esas baladas sobre
asesinatos y canciones sobre doncellas abandonadas y vengan-
zas sangrientas. El término *blue* viene de una palabra del inglés antiguo que significaba melancolía o tristeza (de ahí todas
las expresiones en inglés que contienen la palabra *blue* y se refieren a sentimientos como el abatimiento, la desolación, el
desánimo, *blue moods*, *blue devils*), y su primer uso registrado,
según mi diccionario etimológico, se remonta a 1555.

El mundo en el que nació el blues prácticamente ha desaparecido. Surgió menos de medio siglo después de la abolición de
la esclavitud en un contexto marcado por la enorme limitación
de opciones y la restricción de movimientos, y las primeras bio-
grafías reúnen imágenes de agricultores en pequeños ranchos
rodeados de algodón; de prisioneros y niños que hacen trabajos
forzados; de polvo; de los desbordamientos del Misisipi y los
caprichos de la justicia; de una sociedad en la que quienes habían sido esclavos aún estaban lejos de ser libres. Algunas de las
personas que vinieron de ese mundo se asentaron en el barrio

donde he vivido casi toda mi vida adulta y me han contado cómo era, pero cada vez van quedando menos y sus bisnietos escuchan cosas totalmente distintas, aunque en las iglesias del barrio se sigue cantando góspel. El blues es una especie de literatura de cautivos, pero los relatos de cautivos de los blancos a menudo hablaban sobre personas cuyo cautiverio era temporal o que eran plenamente aceptadas en una nueva sociedad. El blues expresaba una especie de exilio interior perpetuo experimentado por gente que no podía regresar y, aunque muchas canciones de blues hablan sobre la experiencia de abandonar el sur, carecen de ese anhelo por los lugares abandonados que posee la música country blanca. En este sentido, hasta la nostalgia y la añoranza del hogar son privilegios que no están al alcance de todo el mundo.

La pobreza y el racismo no han desaparecido, pero el aislamiento de las comunidades negras rurales se terminó con la emigración, con un cierto grado de abolición de la segregación y, sobre todo, con la transformación del mundo causada por el abaratamiento del transporte y los omnipresentes medios de comunicación de masas, con el deterioro de lo local que se ha producido prácticamente en todas partes. Es como si hubiera habido un tipo específico de gravedad que desapareció pero que, antes de desvanecerse, juntó todas esas fuerzas dispares en una intensa forma de expresión, igual que la tierra y los minerales se convierten en piedras preciosas por la acción de un peso y una presión inmensos. El blues auténtico, el blues en la forma que tenía la especie en 1933, es algo frágil y valioso, un estilo que a menudo parece anacrónico o nostálgico (hoy en día con un público mayoritariamente blanco) pero que se extendió y, de un modo u otro, terminó por dar origen a la mayor parte de la música popular moderna.

En ciertos sentidos, el blues conquistó el mundo y la melancolía característica del sur postesclavista se convirtió en algo universal, o bien una melancolía universal encontró una vía concreta de expresión en esa música. En cierto modo, en mis compilados las canciones country que hablaban de lugares eran blues (pienso en todas las canciones que Hank Williams escribió siguiendo explícitamente los esquemas del blues), pero era como si se pudiera tomar el término en su sentido literal, imaginar que la música blues original era un color intenso, lleno de pasión y rebeldía, un azul celeste, índigo, zafiro, y que se había diluido hasta dar lugar a la melancolía meditabunda de esas canciones blancas sobre la pérdida y las miradas al pasado, hasta componer el azul de la distancia.

En un cuento de Isak Dinesen hay un relato dentro de un relato que trata sobre el color azul y que parece otra de esas canciones, en este caso sin la voz y la música que las hacen tan viscerales pero con la misma forma de llevar la vista a un tiempo, un espacio y un yo remotos. Me acordé de esa historia perdida sobre el azul y la estuve buscando sin éxito una y otra vez en todos sus libros. Entonces, un día busqué «Isak Dinesen» y «azul» en internet y encontré que era el cuento que les cuenta el escritor a los marineros en «El joven del clavel», un relato sobre un escritor desesperado que pasa por una crisis a lo largo de toda una noche, crisis que termina por la mañana con un pacto entre él y Dios. Dios llega al siguiente acuerdo con el escritor: «No te asignaré más aflicción de la que necesites para escribir tus libros. (...) ¿Quieres menos?». El cuento sobre el color azul solo tiene una página y media, así que tiene el mismo carácter esquemático que las canciones. En la versión que consulté, «Long Black Veil» tiene el mismo número de versos que un soneto, pero en ellos está contenido el esqueleto de una novela.

La propia Dinesen había emigrado a África y quizá hay algo similar a la naturaleza híbrida del blues en la influencia que tuvieron las formas de narración africanas en su talento para escribir cuentos más reveladores y sorprendentes de lo habitual, más elaborados y creíbles que las fábulas y los cuentos de hadas. En el relato dentro de un relato que redescubrí, un anciano aristócrata inglés que ha trabajado al servicio de su país termina teniendo como único interés en la vida coleccionar porcelana azul, así que viaja por el mundo con ese objetivo acompañado de su joven hija. Es un detalle revelador, dado que esa porcelana ya formaba parte del mercado de exportación, así que tanto los holandeses como los chinos fabricaban loza con el aspecto que los europeos creían que debía tener la cerámica china, esos artículos azules y blancos cuya imaginería más conocida —el motivo del sauce, con sus pájaros, árboles, agua y amantes separados— es también un pequeño cuento trágico, como si fueran piezas de una canción de la que se puede beber, tazas de té en las que siempre se servirá una dosis de aflicción. El barco en el que viajan naufraga, la hija es abandonada durante la evacuación y, en el último momento, un marinero la mete en un bote salvavidas que ha quedado olvidado y los dos pasan nueve días solos en el mar.

Cuando los rescatan, continúa contando Dinesen en la voz de su joven escritor ficticio, el padre envía al marinero bien lejos, al otro lado del mundo, y la náufraga rescatada no quiere hacer otra cosa que coleccionar porcelana azul: «En sus recorridos, contaba a las gentes con las que trataba que buscaba determinado tono azul, y que pagaría el precio que fuese por él. Pero aunque compraba centenares de jarrones y vasos azules, los arrumbaba al cabo de un tiempo, y decía: "¡Ay, ay, no es exactamente el azul que busco!". Su padre, cuando ya llevaban muchos años navegando, insinuó que quizá no existía el tono que ella buscaba. "¡Por Dios, papá!", dijo ella, "¿cómo puedes decir algo tan malvado? Seguro que debe de quedar algo de cuando el mundo entero era azul"». Pasan los años, las décadas, su padre muere y, finalmente, un mercader le trae un antiguo jarrón azul obtenido durante el saqueo del palacio de verano del emperador de China. Cuando ella lo ve, dice que ya puede morirse y que, cuando muera, deberán sacarle el corazón y guardarlo en el jarrón azul. «Así, todo será como fue entonces. Todo

será azul a mi alrededor; y en medio del mundo azul, mi corazón será inocente y libre y latirá dulcemente (...)».[7]

7 Isak Dinesen, «The Young Man with the Carnation», *Winter's Tales*,
   Nueva York, Random House, 1942. (Se cita traducción de Francisco Torres
   Oliver, «El joven del clavel», en *Cuentos de invierno*, Barcelona, RBA,
   1994, pp. 22-30).

Dos puntas de flecha

Una vez amé a un hombre que era muy parecido al desierto, y antes de eso amé el desierto. No era por cosas concretas, sino por el espacio entre ellas, por esa abundancia de ausencia, esa es la atracción que ejerce el desierto. La geología que en otros paisajes más exuberantes está debajo de la vegetación queda a la vista en el desierto, lo que le confiere una elegancia como la de un esqueleto, al tiempo que sus duras condiciones —las enormes distancias hasta el agua, los múltiples peligros, el calor y el frío extremos— le recuerdan a una su mortalidad. Pero el desierto está hecho ante todo de luz, al menos para los ojos y para el corazón, y una enseguida descubre que esas montañas que se alzan a treinta kilómetros de distancia son de color rosa al amanecer, del verde de los arbustos al mediodía, azules al atardecer y cuando están cubiertas de nubes. La luz no deja ver esa dureza huesuda de la tierra, transita por ella como las emociones por un rostro, y por eso el desierto está profundamente vivo: a las montañas parece cambiarles el humor a cada hora, los lugares que a mediodía son anodinos y sobrios se llenan de sombras y de misterio con el atardecer, la oscuridad se convierte en un embalse del que beben los ojos, las nubes anuncian lluvia, lluvia que llega como la pasión y se va como la redención, lluvia acompañada de truenos, de rayos, de aromas, pues es tal la pureza de este lugar que, con la humedad repentina, el agua, el polvo y los distintos arbustos tienen todos un olor propio. Lo que da vida al desierto son las fuerzas primarias de la piedra, el clima, el viento, la luz y el tiempo, y en él la biología solo es una invitada inoportuna que tiene que arreglárselas sola, dorada, eclipsada y amenazada por sus anfitriones. Lo que yo amaba del desierto era la inmensidad, así como una sobriedad que también era voluptuosa. ¿Y el hombre?

Fui a visitarlo a su casa, en pleno desierto de Mojave, un atardecer de finales de primavera. Nos habíamos visto una vez y, unos meses más tarde, me llamó diciendo que estaba intentando conseguir el número de la persona que nos había presentado, me tuvo en el teléfono una hora o más y terminó diciéndome que pasara por su casa la próxima vez que anduviera por la zona, así que eso hice. Hablamos desde la última hora de la tarde, cuando aún brillaba una intensa luz, hasta bien entrada la noche, la primera noche cálida de la temporada, y sentir la brisa en los brazos y las piernas, que ya no hacía falta proteger del frío nocturno, fue un placer. Hablamos mientras la luna llena ascendía por el cielo, y las palabras llenaban el reducido espacio que nos separaba, como un amortiguador y al mismo tiempo un eslabón entre los dos. Habían pasado varias horas cuando, de pronto, noté que algo se movía en la tierra junto a mis pies. Apareció un ratón canguro, un animal que hasta entonces yo solo había visto de lejos, siempre huyendo. Puse la mano en el hombro del hombre para llamar su atención, y nos quedamos callados observando al ratón, que curiosamente no tenía ningún miedo y que siguió en lo suyo durante un buen rato. Luego reanudamos la conversación, en voz más baja y más despacio, mientras el animal seguía retocando, indiferente, el acceso a su túnel y el montículo de tierra pedregosa de la entrada. Vimos murciélagos descender en picada y cazar presas invisibles en el aire, y oímos coyotes que empezaron a aullar, en mayor número, más cerca y con mayor insistencia de lo que yo jamás he presenciado antes o después de ese día, toda una orquesta de alaridos que se prolongó hasta el amanecer.

Con otros hombres, una va conociendo a sus familias; con aquel hombre parsimonioso que era como un ermitaño del desierto, parecía que los animales ocupaban ese lugar y siempre estaban en los alrededores de su casa. En la ciudad, estar solo tiene que ver con la ausencia de otras personas, o más bien con la distancia a la que están tras una puerta o una pared, pero en los lugares recónditos la soledad no es una ausencia sino la presencia de otra cosa, una especie de silencio susurrante en el que estar solo parece algo tan natural para tu especie como para cualquier otra y las palabras son como piedras extrañas que puedes levantar o no. He vivido en otros desiertos, pero nunca en uno con tanta vida animal como aquel. Siempre había conejos, liebres, codornices desérticas que corrían moviendo la cabeza arriba y abajo. Por la mañana temprano veía conejos que bailaban y saltaban en actitud juguetona, y muchos días, al final de la tarde, pasaba un coyote por delante de la casa. Allí mismo un lince rojo me dirigió una mirada impasible una vez y un día los vecinos vieron un puma, y muchas mañanas un par de correcaminos se perseguían por el camino de entrada a la casa.

En nuestra segunda cita me contó que ese día al despertarse había encontrado fuera una serpiente de cascabel. Con el frío que hacía por la mañana temprano, estaba tan helada que no podía moverse, así que la había levantado del suelo con una pala y la había llevado al garaje, con la esperanza de que se ocupara de la rata que se estaba comiendo la instalación eléctrica. Quedé sorprendida y cautivada ante aquella reacción tan opuesta a la que provocan las serpientes en la mayoría de la gente, el deseo de distancia. Le apasionaban las serpientes y en cada una de nuestras primeras citas parecía tener una anécdota nueva que contar. Una era sobre las noches de verano en que iba en coche desde el Mojave hacia las montañas, conduciendo despacio para poder ver a las serpientes que habían salido a echarse en el asfalto, que conservaba el calor hasta más tarde que cualquier otra superficie, y luego levantarlas y ponerlas a salvo. Había visto una serpiente toro quedarse a la espera delante de una madriguera de conejos y comerse a todas las crías una tras otra a medida que salían, había visto serpientes apareándose, elevándose hasta una gran altura para enroscar sus cuerpos, y parecía que siempre se estaba cruzando con serpientes de cascabel. Un día volvió a casa y, con unos susurros que yo había aprendido a identificar como una expresión de ternura, me contó que había visto una cría de serpiente de cascabel más fina que su dedo. Después de esa primera cita, proseguí mi viaje hasta mi destino original, otro desierto en el que iba a pasar un tiempo sola escribiendo. Unos días más tarde, el día más largo del año, iba caminando por un pequeño camino de tierra cuando recordé un sueño que había tenido la noche anterior, relacionado con una serpiente, y justo cuando estaba pronunciando la palabra en mi cabeza miré al suelo y vi que mi pie derecho estaba a punto de pisar una serpiente de cascabel, pequeña, gruesa y con la cola terminada en un botón, que avanzaba culebreando y sacando la lengua.

¿Cuál es el mensaje que nos traen los animales salvajes, ese mensaje que parece decirlo todo y nada a la vez? ¿Cuál es ese mensaje que carece de palabras y que no es ni más ni menos que los propios animales, que el mundo es un lugar salvaje, que la vida es impredecible, con sus bondades y sus peligros, que el mundo es más grande de lo que imaginamos? Recuerdo un día en que él estaba fuera trabajando y yo estaba sola en su casa escribiendo. Sentí pasar volando un cuervo, por un aire tan sosegado que se oyó perfectamente cada movimiento del lento batir de sus alas. Me pregunté entonces, y me pregunto ahora, cómo podría renunciar a todo eso a cambio de lo que ofrecen las ciudades y las personas, pues sentirse solo tiene que ser menos horrible que la pérdida de esa sensación que nos proporciona el mundo de los animales y de la luz celestial de que existe un orden simbólico, aunque la escritura ya es lo bastante solitaria, una confesión que no recibe una respuesta inmediata ni proporcional, una primera frase en una conversación que se acalla de pronto o que tiene lugar mucho tiempo después y sin el autor. Pero la mejor escritura aparece como esos animales: de repente, contenida, lo dice todo y no dice nada, se aproxima a una comunicación sin palabras. Quizá, a su manera, la escritura es un desierto, un lugar salvaje.

Hay momentos de armonía que llegan al nivel de la serendipia y la coincidencia y que van incluso más allá, y hay períodos en los que parece que abundan esa clase de episodios. Los veranos y los desiertos parecen los más propicios para ellos. Recuerdo un día en que estaba echada a la sombra de mi camioneta en el desierto de la Gran Cuenca, leyendo la *Divina comedia*. Cuando estaba terminando los últimos versos del *Paraíso*, en los que Dante se acerca a la luz y «el amor que mueve el sol y las demás estrellas» lo mueve como a una rueda, paró un coche. Se bajó el cura franciscano que velaba por la gente de los barrios marginales de Las Vegas y que defendía la causa pacifista por el desierto, un santo de aspecto cómico con un fuerte acento bretón que parecía haber llegado directamente desde el Paraíso a aquel desierto que tan bien encajaba con la narración de Dante. O una ocasión en que iba caminando por otro desierto y, después de pensar en la diminuta punta de flecha de obsidiana que había encontrado en esa misma zona el año anterior, recordé la punta de flecha de sílex color crema que me había regalado un hombre un tiempo después. Tenía la imagen de esta última en la cabeza cuando miré al suelo y me encontré con una punta de flecha idéntica, de base ancha y color claro, la pareja perfecta de la otra a tres mil kilómetros de distancia y seis meses más tarde, una coincidencia tan llamativa que mi idea de las relaciones de causa-efecto se tambaleó durante todo el día. O la cantidad de veces en que he recorrido cientos de kilómetros para reunirme con algún amigo y los dos hemos llegado justo a la vez a nuestro remoto destino, o en que algo que uno estaba buscando aparece de forma inesperada, o en que dos personas expresan la misma idea con las mismas palabras al mismo tiempo. Esos momentos parecen indicar que nos hemos rendido ante la historia que se está narrando y empezado a seguir la línea argumental en lugar de intentar contarla nosotros mismos, interrumpiendo y replicándole con nuestra débil vocecita al destino, a la naturaleza, a los dioses.

Un día perfecto de mediados de verano, tres años después de esa tarde en que llegué a la vida del ermitaño y él a la mía, me había levantado temprano en su casucha, cuyo dormitorio, en el fondo, se abría a una de las vistas más espectaculares que he visto en mi vida. La ventana de la cocina daba a un terraplén, de tal forma que, mientras llenaba la tetera, vi que tenía justo delante un conejo de corta edad. Él no me veía a través del cristal, así que no se asustó, y en su ojo se reflejaban los arbustos y el marco de la ventana como en un espejo negro y redondo. Ese día vi un montón de conejos delante de la casa y más tarde encontré una enorme tortuga del desierto caminando lentamente hacia las tunas que se disponía a mordisquear, como si estuviéramos en la fábula de la liebre y la tortuga, cuyos temperamentos muchas veces me parecía que eran como el mío y el del ermitaño, yo tan acelerada y nerviosa, él tan reservado, reflexivo, paciente. Les avisé al vecino y al ermitaño, que salieron y, con esa actitud tan propia de los hombres, dijeron que ya habían visto tortugas así de grandes otras veces. Les pregunté si alguna vez habían visto una más grande y se quedaron callados, observando cómo la criatura abría la boca que parecía un pico y cortaba los cactus con movimientos lentos y amenazadores. Esa tarde fuimos a dar de comer a los gatos de un conocido que estaba de viaje y, al entrar en la casa, nos encontramos a los tres animales acechando a una tórtola que revoloteaba por la gran habitación, ensangrentada. Mientras yo hacía retroceder a los gatos, él agarró la tórtola. El ave desapareció entre sus manos, lo que pareció calmarla hasta que salimos al exterior. Levantó las manos y la tórtola echó a volar hacia la última luz del día, más viva de lo que pensábamos.

Un idilio como aquel no estaba hecho para durar. Durante un tiempo fue para siempre y después empezó a desmoronarse. No hay una historia que contar, porque una relación es una historia que construyes junto a otra persona y en cuyo interior te instalas con ella, una historia que te refugia como una casa. Te inventas una historia sobre cómo tu destino y el suyo estaban llamados a entrelazarse como los tallos de una enredadera, te acostumbras a tener una vista amplia por ese lado y a no tener vista por ese otro, a la puerta en la que hay que agacharse y a la ventana que está atrancada, y la persona que crees que eres influye en la persona que crees que es él y en la persona que él cree que eres tú, un castillo en las nubes hecho con el aire húmedo exhalado al soñar. Es una impresión enorme verte de nuevo sola y a la intemperie, es difícil concebir que un día puedas vivir en otra casa, en la que será grande lo que en esta era pequeño y será pequeño lo que aquí era grande; es difícil cuando tu cuerpo conocía tan bien los recodos y recovecos de la escalera que podías subir y bajar con los ojos cerrados; es difícil cuando has levantado la casa desde cero y ha sido tu hogar; es difícil imaginarte volviendo a construir. Pero fuiste tú quien encendió el fuego que la redujo a cenizas.

Un amor feliz es una sola historia; uno que se desintegra es dos o más versiones enfrentadas y contradictorias; uno ya desintegrado es como un espejo roto en el suelo, en el que cada fragmento refleja una historia diferente: que fue maravilloso, que fue horrible, si no hubiera pasado eso, si hubiera ocurrido aquello. Las historias ya no encajan y ahí terminan las historias, esos artefactos que llevamos encima y nos sirven de caparazones, escudos y luces intermitentes, y a veces de mapas y brújulas. Las personas cercanas a ti se convierten en espejos y diarios donde vas registrando tu historia, los instrumentos que te ayudan a conocerte y a recordarte, y lo mismo eres tú para ellas. Cuando desaparecen, dejas también de utilizar, apreciar, entender esas pequeñas anécdotas, frases recurrentes, bromas: se convierten en un libro que se ha cerrado o quemado. Pero yo salí de aquella casa transformada, más fuerte y más segura que antes y cargada con un mayor conocimiento de mí misma, de los hombres, del amor, de los desiertos y la vida salvaje.

Las historias se rompen. O se gastan con el uso, o se abandonan. Con el tiempo, la historia o el recuerdo pierden el poder que tenían. Con el tiempo, te conviertes en otra persona. Solo cuando la miel se convierte en polvo quedas libre. Aquel verano estuve de viaje, otra vez en el desierto al que me dirigía ese día en que años antes me había desviado hacia su casa, la noche del ratón canguro. Una separación es un poco como enamorarse: todo adquiere una especie de incandescencia, como si la persona amada que estaba en el primer plano se hubiera hecho a un lado y ahora tu mirada se posara con esa misma intensidad en todos los elementos de la vista que antes quedaban tapados por ella. En una de las ventanas de la casita en la que me alojé en aquel desierto se instaló un insecto palo. Luego de tocarlo para asegurarme de que no era una brizna de paja, empecé a hablarle de vez en cuando; resultó ser una muy buena compañía. En el alero de la puerta por la que pasaba para ir a escribir vivía una araña que parecía tener en su gran abdomen blanco una cara con una sonrisa bobalicona. En el mismo alero había nidos de avispas cartoneras. Por toda la zona de alrededor de la casa había pequeños saltamontes que desplegaban sus alas, de unos colores negros, amarillos y escarlatas que cuando volaban se veían intensos como los de las mariposas y que volvían a apagarse al aterrizar. Los abejorros se posaban sobre las flores de las equináceas, que se inclinaban bajo su peso. De vez en cuando pasaba una hormiga aterciopelada, con su cuerpo tapizado en rojo o amarillo, y escarabajos negros que caminaban con el cuerpo inclinado hacia delante y que dejaban unos rastros diminutos en la tierra.

Había muchas lagartijas. Al verlas subir por los mosquiteros de las ventanas, las franjas azul claro del vientre de la especie a la que siempre habíamos llamado «panza azul» me seguían provocando un gran placer. Siempre se estaban ahogando en el abrevadero para caballos que había debajo de la tubería de desagüe, donde se quedaban flotando, pálidas y desventuradas como los náufragos de los poemas victorianos. En la lejanía se veían las dramáticas escenas que representaban en el cielo las tormentas de verano: las inmensas acumulaciones de nubes que demostraban lo lejos y lo alto que llegaba el cielo, que pasaban del blanco de los cúmulos al azul oscuro de las nubes de tormenta y, con algo de suerte, descargaban lluvia, relámpagos, rayos de luz y estelas de vapor, como una violenta redención. Era como si en el mundo solo existieran la esfera diminuta, en primer plano, de estos animales, y las inmensas distancias del cielo, como si mi propia escala hubiera desaparecido junto con el plano medio, lo cual es también uno de los sobrios placeres del desierto.

En el otoño volví a la ciudad y empecé a componer un relato en mi cabeza. Ya estaba trabajando en otro libro, por eso no lo escribí. Ahora ese relato está tan deteriorado como podría estarlo un libro de verdad después de dejarlo enterrado o abandonado y, cuando pienso en los restos que han quedado, me pregunto qué clase de clima de la mente es capaz de provocar tal erosión.

Vértigo, de Alfred Hitchcock, se describe a veces como una carta de amor a San Francisco, aunque el tema de la película es la historia de amor entre el protagonista, un ex detective que sufre de vértigo, y la mujer a la que sigue. Se supone que la mujer es Madeleine, la heredera con la que está casado un amigo suyo de la universidad, Gavin Elster. Elster contrata al detective para que siga a su mujer y, en un monólogo que no se incluyó en el montaje final de la película, cuenta que cuando la trajo a San Francisco «era como una niña recién vuelta a casa.

La ciudad entera la entusiasmaba; tenía que recorrer todas las colinas, explorar la costa, ver todas las casas antiguas y pasear por las viejas calles, y cuando veía algo que no había cambiado, algo que estaba igual que en el pasado, sentía un placer intensísimo, enormemente posesivo. Todo aquello le pertenecía, y eso que ella nunca había estado aquí. Poseía la ciudad», dice de la relación de Madeleine con San Francisco. Entonces, «un día, ella volvió a cambiar... La embargó una gran pesadumbre y su mirada se nubló. No sé qué ocurrió ese día, dónde estuvo, qué vio, qué hizo. Pero ese día la búsqueda llegó a su fin: había encontrado lo que estaba buscando. Había vuelto a casa. Y hubo algo en la ciudad que la poseyó a ella».[1] Se supone que está poseída por una antepasada suya de ascendencia latina que murió loca y desamparada, la amante de un adinerado hombre de San Francisco que la traicionó. La Madeleine de la película, con su traje gris claro, su cabello tan rubio que es casi blanco, su Jaguar verde, su aire frío y misterioso, es para el detective una imagen esquiva.

Y él la sigue hasta el pie del puente Golden Gate, donde ella se tira al agua, hasta el Palacio Californiano de la Legión de Honor en Land's End, en la zona agreste al noroeste de la ciudad, hasta el pequeño cementerio lleno de maleza de la basílica de la Misión Dolores, por las calles del centro de la ciudad, de modo que la trama es ficticia pero la película evoca lugares reales, y todos me resultan familiares, aunque en el film aparezcan como eran antes de que yo naciera. El detective va con ella a un bosque de secuoyas en el que los anillos visibles en un tronco cortado funcionan como un mapa del tiempo profundo. Madeleine señala los anillos del árbol que corresponden al siglo XIX y dice: «aquí nací yo» y «aquí morí». Al final visitan otra misión en las afueras de la ciudad y ella salta hacia su

---

1 El monólogo sobre Madeleine aparece citado en Jeff Craft y Aaron Leventhal, *Footsteps in the Fog. Alfred Hitchcock's San Francisco*, Santa Mónica, Santa Monica Press, 2002.

muerte desde el campanario de la iglesia antes de que él, aquejado de vértigo, pueda seguirla escaleras arriba. Cuando se está recuperando de la subsiguiente depresión, conoce a una chica vulgar, una dependienta de la elegante Magnin, una gran tienda del centro, e, impresionado por su parecido con Madeleine, empieza a salir con ella, se dedica a vestirla en lugar de desnudarla y la obliga a ir convirtiéndose poco a poco en Madeleine. La joven, que se debate entre la censura a este comportamiento y el amor que siente por él, se deja hacer. Al final, cuando Judy tiene el mismo pelo rubio y el mismo traje gris claro que la mujer a la que había seguido el detective y comete la imprudencia de ponerse un collar que había sido de esa otra mujer, él se da cuenta de que ella es Madeleine o, mejor dicho, de que Madeleine nunca ha existido, de que se había enamorado de una estratagema tramada para ocultar el asesinato de la verdadera señora Elster, a la que empujaron desde el campanario al que él no pudo subir a causa de su vértigo. El plan había sido tramado por Elster cuando la dependienta era su amante, aunque después él se deshace de ella, y luego también el detective se deshace de ella de otra forma, al empeñarse en convertirla en otra mujer, en una mujer muerta. Cuando descubre el ardid, el detective obliga a la joven a regresar al campanario desde el que empujaron a la señora Elster. Una vez ahí, Judy se lleva un susto al ver la oscura silueta de una monja detrás de ellos, retrocede por la plataforma sin barandilla y vuelve a morir.

Vértigo es una tragedia enrevesada que ha sido comparada con Shakespeare, aunque tal vez se parezca más a *El gran Gatsby*, ya que al detective lo que le atrae de Madeleine es en parte su aire aristocrático, esa esquivez en tonos fríos que él persigue hasta el borde de la muerte, ese imposible que para Gatsby es la luz verde al final del muelle de Daisy y para el autor de Gatsby es el pasado irrecuperable, el orgiástico futuro, el célebre seno fresco y verde del propio continente americano. Hay novelas parisinas en las que el amor por una mujer y el amor por la ciudad se vuelven la misma pasión, aunque se trata de una pasión solitaria en la que el deambular, el acosar, el perseguir constituyen la consumación y la unión real es inconcebible. Quizás en *Vértigo* sucede lo mismo y Madeleine se convierte en lo que uno de los poetas malos de San Francisco bautizó como «la ciudad fría y gris del amor», pero ninguno de los dos protagonistas, ni el hombre ni la mujer, parece prestar mucha atención a los lugares que la cámara explora y acaricia. Desde el punto de vista del hombre, desde el que está narrada, *Vértigo* está envuelta en un halo de romanticismo, pero desde la perspectiva de la mujer trata de cómo la obligan a desaparecer, no ya desde lo alto de un campanario, sino en su vida cotidiana, en la que dos amantes sucesivos la convierten en otra persona para sus propios fines, una tragedia de lo más común.

La mayoría de los cangrejos vienen al mundo con sus caparazones, pero el cangrejo ermitaño tiene un cuerpo asimétrico que suele describirse como blando y vulnerable, por lo que se aloja en las conchas de caracoles marinos, buccinos, bígaros y otros animales con caparazones duros. Su cuerpo adopta la forma curva de su nuevo hogar y utiliza un grupo de extremidades para agarrarse a la caracola por dentro mientras que con las grandes pinzas de fuera busca comida y se defiende del mundo exterior. Así vive el cangrejo ermitaño: cazando por un lado y bien aferrado por el otro. Cuando el cangrejo crece y la caracola le queda pequeña, llega el peligroso momento de la muda, el paso de una caracola a otra. A veces inspecciona un nuevo hogar antes de mudarse y, si no le sirve, vuelve a meterse en el anterior; a veces echa a otro cangrejo de un lugar con buena pinta o se come a un animal muerto para vaciar su caracola. Son animales carroñeros que se arrastran por el fondo del mar. A menudo un cangrejo ermitaño macho toma a una hembra por la pinza y la arrastra de un lado a otro, ahuyentando a otros pretendientes, hasta el momento en que la hembra hace su muda, pues el apareamiento solo puede producirse cuando ella está pasando de una caracola a la siguiente. Sus diminutas crías se desplazan con las corrientes hasta que alcanzan una fase en la que caen al fondo del mar y rápidamente deben encontrar un lugar en el que cobijarse, lo que marca el comienzo de su vida adulta. Muchas historias de amor son como las caracolas de los cangrejos ermitaños, pero otras se parecen más a los nautilos, cuya estructura de cámaras va creciendo a medida que crece su ocupante y cuyas cámaras más pequeñas, que han quedado deshabitadas, son más ligeras que el agua y les permiten flotar en el mar.

Había vuelto a ver *Vértigo* en el cine más o menos un año antes y había una escena que me cautivaba. En la primera escena, el detective está a punto de caer desde un tejado, incidente que da origen a su vértigo; en la segunda, está en la casa de una vieja amiga. Ella vive en un departamento lleno de cuadros y de dibujos colgados en todas partes menos en las ventanas, desde las que hay amplias vistas de la ciudad, se gana la vida diseñando lencería y lo llama Johnny, no Scottie como todo el mundo. Él está sentado relajadamente y ella charla con él mientras dibuja el boceto de un corpiño «revolucionario» cuyo diseño «se basa en el principio del puente de contrapeso»: el cuerpo como un paisaje vertiginoso, los pechos como un Golden Gate del que tirarse. Midge tiene el pelo casi tan rubio como el de Madeleine, aunque sus grandes anteojos, su melenita discreta y su apodo se encargan de garantizar que no resulte una mujer seductora. Pero su voz es como un helado de vainilla y, cuando el detective se queja del corsé que lleva puesto por su lesión en la espalda y se pregunta si muchos hombres los llevan, ella responde con soltura: «Más de los que crees». Él se incorpora y pregunta: «¿Lo sabes por experiencia propia?», y ella sonríe y cambia de tema.

Aunque Midge posee una buena cantidad de eso que los franceses llaman *jouissance*, un goce erótico, este personaje no existe en la novela francesa en la que está basada la película. Fue una invención de un guionista estadounidense. La mayoría de los que escriben sobre *Vértigo* parecen olvidar que fue ella quien rompió con el detective, como se revela en esa primera escena, y los propios guionistas y el director parecen olvidarlo a medida que avanza la película, cuando se vuelve un personaje mucho más anodino que tiene una devoción triste y resignada por Scottie. E. M. Forster escribió que las novelas tienen personajes planos y personajes redondos, y los planos suelen ser los secundarios, pero *Vértigo* es una película en la que unos Tristán e Isolda que parecen figuritas de papel se mueven en primer término y este personaje redondo tiene una sola aparición extraordinaria. Midge nos invita a seguir una dirección distinta al rumbo trágico que toma la película, ya que si bien *Vértigo* destila amor por San Francisco, ella es el único personaje que realmente parece conectada con las posibilidades que ofrece la ciudad y, si bien a los protagonistas los mueve la búsqueda del placer y la satisfacción, ella parece vivir inmersa en ellos. Empecé a contarme a mí misma una historia (una novela, si la escribía) sobre Midge.

Cuando tenía diecinueve años escribí una obra de teatro, una muy mala. Una mujer contrataba a un detective para encontrar a su pareja, que había desaparecido, y todas las escenas tenían lugar en la habitación de ella. A través de sus investigaciones y de las conversaciones con ella, en distintos momentos el detective llegaba a creer que el hombre desaparecido nunca había existido y ella estaba loca o se había inventado la historia para seducirlo, o que de alguna forma él era el otro hombre y quien estaba loco era él mismo. La llamé *Objetos perdidos*. Trataba sobre el deseo, sobre el engaño, sobre la forma en que ella utilizaba la historia de que había perdido algo con el objetivo de encontrar o definir algo. Tuve otros relatos de ficción rondándome la cabeza en distintos momentos y hubo historias y personajes a los que estuve dando vueltas durante años, pero no eran lo que estaba llamada a hacer. Para mí, la escritura de ensayos es como la fotografía: las dos plantean el mismo desafío de encontrar su forma y su estructura en aquello que ya existe y las mismas responsabilidades éticas de cara al tema. La ficción, como la pintura, te permite empezar con un lienzo en blanco, aunque cuando empecé a convertir aquella versión de *Vértigo* en una historia llamada «Slip» recordé la clase de verdad que posee la ficción: la de los principios universales y la información reveladora, los detalles nimios que pueden resultar enriquecedores si alrededor de ellos construyes personajes. (Las protagonistas en los ensayos son las ideas, que a menudo evolucionan de forma muy similar a como evolucionan los personajes, incluidos los desenlaces sorprendentes). En «Slip», Midge era simplemente como llamaban de pequeña a una mujer llamada Margaretta y el detective era un novio de la infancia por el que había perdido interés al crecer.

Margaretta se movía por una ciudad que yo ya conocía, la ciudad de los artistas y poetas *beat* de San Francisco sobre los que trató mi primer libro y cuyo *annus mirabilis* fue 1957, el año en que se hizo *Vértigo*, antes de que yo naciera. El de Hitchcock era el retrato de un mundo cerrado, una especie de túnel freudiano de deseo ciego, pero San Francisco por aquel entonces era un lugar completamente abierto en el que abundaban otras posibilidades, una ciudad en los inicios de una época caracterizada por las drogas alucinógenas, las corrientes espirituales esotéricas, el cine experimental, una poesía más libre escrita para ser dicha en voz alta, los collages y ensamblajes artísticos hechos con los escombros de las viejas casas que se estaban derribando, el interés en el misterio de la vida cotidiana y a veces en la política, la gente que estaba construyendo comunidades en las que quizá fuera posible desarrollar una nueva cultura, un nuevo arte, una nueva era. Margaretta parecía venir de ese otro mundo cuando entraba en la película, y es ella quien tiene un contacto, el dueño de la librería anticuaria Argosy, que puede contarle al detective la historia de la ciudad. La ciudad del bar Buddha y el bar Li Po del barrio chino, donde las farolas tienen dragones de bronce oxidado enroscados, de los callejones al sur de Market

Street que llevan nombres de prostitutas del siglo XIX y de las casas que se están hundiendo a causa de los terremotos y lo inestable del terreno, por lo que los dinteles de las puertas te quedan a la altura de las cejas, de todas esas cimas de todas esas colinas que te elevan sobre la cuadrícula de calles para que puedas ver el mar, la bahía y las colinas de la otra orilla, de la niebla vespertina que avanza hacia el este por delante de las farolas, en esa época también del jazz en Fillmore Street y del ruinoso parque de atracciones en Land's End, con su casa de la risa, su *musée mécanique* y su laberinto de espejos, cerca del restaurante Cliff House y de los islotes llamados Seal Rocks que aparecen en tantas fotografías antiguas, esta ciudad encerrada por la naturaleza pero expandida por la imaginación y cuya poesía atraviesa la película.

Una historia en la que ella ocupara el centro y no la periferia necesitaba otro argumento y un nuevo centro de gravedad, claro, y poco a poco *Vértigo* fue retrocediendo en esta otra historia hasta quedar en segundo plano. Margaretta la narraba en retrospectiva, desde su presente, los años sesenta, cuando era una pintora con una hija, hasta su infancia en la península de San Francisco —con el chico que sería el detective como vecino—, en los tiempos en que aquella zona todavía era «el Valle de las Delicias del Corazón», llena de inmensos vergeles y pequeños pueblecitos, y no Silicon Valley. «Slip» aludía a que su madre mojigata le había dicho que un *slip* es una prenda que los demás no ven pero que cambia el aspecto de lo que sí ve todo el mundo, a los *slips* de satén y sus cintas de encaje con festones de hojas y flores sobre la piel. Aludía a la lencería que dibujaba como si fueran construcciones arquitectónicas, el equivalente de los puentes levadizos, portones y muros en aquella época dorada de las fajas, los *bodies*, los portaligas y los corsés, y ella hablaba de un momento, durante la pérdida de su virginidad, en el que se había quedado impactada no por la desnudez de su amante sino por la suya propia, llena de marcas de todos esos tirantes, costuras y hebillas sobre la piel blanda, los fantasmas de la ropa interior. Hablaba de Judy, que además de dependienta en Magnin era modelo de lencería, y de cuando las dos habían coincidido: mientras Margaretta dibujaba esa lencería, Judy había estado hablando de sí misma y había dejado caer algo sobre qué clase de aventura amorosa estaba teniendo y con quién, y Margaretta había tomado la decisión, quizá equivocada, de no meterse. Hablaba de un lote de libros que habían llegado a la librería Argosy, de entre cuyas páginas iba saliendo un reguero de pequeños dibujos, pinturas, cartas, telegramas, recibos y postales, una autobiografía en forma de señaladores que Margaretta seguía por encargo del dueño de la librería hasta llegar al sobrino de la persona a quien habían pertenecido. Hablaba del pintor cuya carrera se había extinguido durante su internamiento en un campo de prisioneros para estadounidenses de origen japonés en la Segunda Guerra Mundial y de sus cuadros de esos campos y de Sierra Nevada. El sobrino se convertía en un compañero con el que Margaretta exploraba todas esas posibilidades. Él era poeta y trabajaba de corrector en el *Chronicle*, y ella era pintora y trabajaba dibujando lencería para una gran tienda del centro: dos personas que habían abandonado su vocación inicial para dedicarse a adornar textos y cuerpos.

Hay gente para la que solo hay o bien un único sol en el cielo, o bien oscuridad, y hay gente que vive en una noche llena de estrellas. Así, más o menos, empezaba la historia Margaretta. En un bar, le decía a un guarda forestal con el que salía: *En la naturaleza me fascinan las fuerzas elementales, el fuego y el agua, la gravedad, la evaporación y las propiedades de la luz, y en la ciudad se encuentra todo eso en la misma medida. Se ve cuando la crema penetra en el café helado formando espirales, cuando el humo de los cigarrillos asciende en volutas y en la manera en que se derriten los cubitos de hielo de este trago. Recuerdo cuando de chica me columpiaba en el jardín y asustaba a Johnny, que vivía en la casa de al lado y que, por ser apenas un poco mayor, creía que podía vigilarme cuando saltaba desde el punto más alto del arco y la falda se me inflaba como un paracaídas.* Parecía que todo le daba placer, como si su sensorialidad se desplegara sobre la totalidad del mundo tangible, en claro contraste con unos protagonistas que perseguían una idea convencional de la satisfacción eternamente postergada. Así que le di la gravedad, esa sensación que los niños buscan sin descanso, una y otra vez, cuando se hamacan, cuando dan vueltas, en diferentes juegos infantiles. Recuerdo a un motoquero que me habló de las sutilísimas formas en que los motociclistas de carreras utilizan el cuerpo para girar cuando van a gran velocidad y del inmenso placer que conllevan esas acciones. La gravedad tiene que ver con el movimiento, el peso, la resistencia, la fuerza, y es la forma más elemental, después del contacto físico con la piel, de sentir nuestra propia corporeidad. Quizá la gravedad, entonces, sea una forma placentera de experimentar la mortalidad y nuestra resistencia a ella, de deleitarnos en la fuerza que ejerce la Tierra y la fuerza contraria que ejercen los músculos, en la tensión que generan las dos y en cómo nos movemos justo en el límite, igual que el sexo para las mujeres contiene las posibilidades gemelas de la procreación y la destrucción.

En la película están presentes el miedo a la gravedad y a las alturas; yo convertí ambas cosas en experiencias placenteras para Margaretta. Su trayectoria era ascendente, mientras que en *Vértigo* todo caía. Llené su narración de discursos efectistas sobre el mundo sensorial, y son esos los que han permanecido en mi memoria. *En cuanto a la cuadrícula de calles de esta ciudad, los huertos de árboles frutales de la península ya me habían revelado los placeres de la geometría, cómo al caminar entre ellos veías desaparecer las líneas diagonales entre los ciruelos y un momento después aparecían las rectas, y cómo si pasabas por delante en coche ibas viendo aparecer fugazmente una calle tras otra entre la masa de árboles, y me encantaba cómo los árboles más cercanos se veían pasar mucho más rápido que los de lejos, como si estuvieras en el borde de un círculo en lugar de en el centro, como si el centro del mundo siempre se encontrara cerca pero tú*

lo rodearas por la periferia como una mosca posada en un toca-
discos, aunque la ruta fuera recta. Lecciones de perspectiva, como
en las clases de dibujo, aunque esa regla no nos la enseñaron. Y
más tarde, hablando sobre un hombre: *No recuerdo su cara,*
pero todos los hombres que me han tocado han hecho algún gesto
que nunca se ha borrado del todo; aún puedo sentir el brazo que
me puso uno de ellos en el vientre mientras nadaba detrás de mí
en un lago, el áspero beso de otro en la palma de mi mano, y a
veces pienso que podría haber un aparato como las máquinas de
rayos X con las que te miran los pies en las zapaterías que permi-
tiera ver esas impresiones imborrables, todas esas marcas, justo lo
contrario de los moretones, que cubren y rodean mi cuerpo. Voy
por el mundo surcada de esas experiencias, como todo el mundo.

No recuerdo muchos más detalles de ese libro que tan completo parece haber estado en mi cabeza en un momento pero
del que no me animé a escribir ni una palabra, ya que no quería empezarlo si no iba a poder terminarlo. Casi toda la trama,
los personajes y los diálogos parecen haberse desvanecido
sin que hayan quedado más que los trazos generales. Sé que
Margaretta y el corrector recorrían la ciudad y sus bares, asis-
tían a las fiestas de los artistas, discutían sobre vocaciones y al
final se iban a la montaña. La excursión con la que terminaba
la historia empezaba con el deseo del corrector de recuperar
una caja llena de poemas que había enterrado en Manzanar,
el tétrico campo de prisioneros estadounidenses de origen japonés de la Segunda Guerra Mundial, situado en la vertiente
oriental de Sierra Nevada y desde el que hay una vista maravi-
llosa de los picos más altos de la cordillera. Para cuando llegaban ahí, sin embargo, se había dado cuenta de que su vocación
no iba a estar enterrada en el pasado. Un par de montañis-
tas a los que habían conocido en una cafetería de Big Pine los
habían invitado a subir el cercano monte Whitney, el punto
más alto del territorio de los Estados Unidos que queda entre
México y Canadá, y a último momento se iban de Manzanar y
aceptaban la invitación.

El extraño destino de Tiresias comienza un día en que ve a dos serpientes apareándose en el monte. Las golpea y, como resultado de ello, se convierte en mujer. Siete años más tarde se encuentra con otra pareja de serpientes copulando y de nuevo las golpea para volver a convertirse en hombre. Como ha sido tanto hombre como mujer, los dioses le piden que dirima una discusión acerca de cuál de los dos sexos siente más placer al hacer el amor. Cuando falla a favor de las mujeres, Hera se enoja y lo deja ciego. A modo de compensación, Zeus le concede la capacidad de ver el futuro, con lo que se convierte en un célebre profeta. Según otra versión, queda privado del sentido de la vista por haber visto a Atenea bañándose, pero, para disculparse, la diosa ordena a la serpiente de su peto que le limpie las orejas a Tiresias con la lengua para que este pueda comprender el lenguaje de las aves que profetizan el futuro. Es Tiresias quien le revela a Edipo las faltas que ha cometido y está cometiendo, quien pone fin a ese ciclo con la ceguera y el exilio de Edipo, y es en *Edipo rey* donde hace su principal aparición. Este profeta que es capaz de ver a pesar de su ceguera (mientras que Edipo, ciego o no, no ve nada) es mucho más interesante que el protagonista, cuyo mundo se empequeñece de manera claustrofóbica cuando el desconocido al que mata resulta ser su padre y la reina con la que se casa resulta ser su madre. La historia de Tiresias no es una tragedia, un nudo en el que están atrapados los personajes y que solo se desata con la muerte y el exilio, sino un romance que recorre un terreno con amplitud suficiente para dar cabida a animales, dioses, desconocidos, transformaciones. En el pasado, la palabra *romance* designaba las historias caballerescas sobre viajes en los que se partía en busca de algo («generalmente caracterizados por la presencia de hazañas heroicas, aventuras o misterios», según mi diccionario). Este antiguo significado sugiere que los romances en el otro sentido (tercera acepción: «relación amorosa») también deberían moverse por el espacio y por el deseo. La comedia, dijo Aristóteles, termina en matrimonio, pero dado que el matrimonio no es un final, el romance (en un sentido o en ambos) es lo que continúa después para no caer en la tragedia. Margaretta —o incluso Midge, en su forma inalterada— es la Tiresias de *Vértigo*.

Mandé a estos personajes al monte Whitney, pero ¿qué vieron desde ahí? Yo no había subido nunca. Sí he subido desde entonces. Si se sigue el camino normal, se empieza a ascender desde una ruta que sube por la pendiente oriental. La vista hacia el este, la que tienes a tus espaldas durante la exigente caminata de subida, se va haciendo cada vez más amplia. A unos tres mil metros, ves todo el ancho valle que se extiende entre Sierra Nevada y la primera cadena de montañas de las White Mountains. Al cabo de una hora o más de subida, ves otra cadena detrás de la primera y el paisaje del desierto sigue haciéndose cada vez más vasto, hasta que alcanzas a ver cuenca tras cordillera tras cuenca hacia las profundidades del estado de Nevada. Te das cuenta de que, por mucho terreno que abarques con la mirada, hay mucho más del que vas a poder ver jamás. Siempre se habla del montañismo como si la llegada a la cumbre fuera una conquista, pero a medida que asciendes el mundo se hace más grande y te sientes más pequeño en relación con él, abrumado y liberado por la magnitud del espacio que te rodea, la magnitud del territorio a recorrer, la magnitud de lo desconocido. Te has pasado todo el día subiendo con gran esfuerzo y la mirada puesta en la ladera, por senderos escarpados y caminos en zigzag, atravesando y pasando pinares, y la vista por detrás se ha ido ampliando poco a poco hacia el norte, el sur, el este. A veces los pájaros, los árboles o las piedras del camino te hacen prestar atención a lo más inmediato, a veces vas mirando directamente a la pendiente que te espera, pero a veces un giro o una parada te permiten volver a ver la inmensidad que se extiende en esas tres direcciones, un manto infinito de aire que te cubre la espalda mientras prosigues tu camino. Al final, a unos cuatro mil metros sobre el nivel del mar, alcanzas no la cumbre, que no es un cambio tan drástico, sino la cresta. El Whitney no es más que el punto más alto de una larga cresta. Al llegar ahí, el mundo que se extiende al oeste aparece de repente ante los ojos, una extensión descomunal aún más salvaje y remota que la del este, una sorpresa, un regalo, una revelación. El mundo duplica su tamaño. Sucede algo parecido cuando realmente ves a alguien y, si esto es así, tiene algo que ver con el motivo por el que en *Vértigo* todo el mundo está siempre cayendo. En el núcleo de mi historia no había caídas, no había tragedia, solo un ascenso hacia esa inmensidad.

El azul de la distancia

Cuando pienso en el artista Yves Klein, pienso en los otros personajes extremos que le precedieron, una o dos generaciones antes, los que desaparecieron. Pienso en el boxeador y poeta dadaísta Arthur Cravan, que en 1918 debía partir rumbo a la Argentina desde México para reunirse con su nueva esposa pero a quien nunca se lo vio de nuevo; en Everett Ruess, el bohemio que podría haberse convertido en un artista o escritor si no hubiera desaparecido al adentrarse en los cañones de Utah en 1934, cuando tenía veinte años, dejando una firma tallada en la piedra en la que ponía «Nemo», es decir, «nadie»; en la aviadora Amelia Earhart, que desapareció en el Pacífico en 1937; en el piloto Antoine de Saint-Exupéry, que dejó escritos varios libros de una prosa lapidaria antes de que su avión también desapareciera, en 1944, en el Mediterráneo. A todos les había tocado vivir con el deseo de aparecer en el mundo, dejar una marca, y el deseo de llegar lo más lejos posible, que era una forma de querer desaparecer de él. La ambición reflejaba un deseo de rehacer el mundo y transformarlo en lo que debía ser, pero las desapariciones reflejaban el deseo de vivir como si eso ya hubiera sucedido, de transformarse a uno mismo en un héroe que desapareciera no ya solo en el cielo, el mar o el desierto, sino en una concepción del yo, en la leyenda, en las cumbres de la posibilidad.

A Klein, que poseía unas ambiciones colosales y una profunda inclinación al misticismo, que a los veinte años declaró el cielo su propia obra de arte y lo firmó con su nombre, que estaba obsesionado con volar, con la levitación y con la inmaterialidad, además de con el cielo y con el color azul que lo representaba, le encantaba la leyenda del Santo Grial. La historia de los caballeros en busca del Grial es otra historia sobre desapariciones, pues aquellos que son lo suficientemente puros para poder estar en su presencia nunca regresan de su viaje. Son solo los pecadores, aquellos que no han alcanzado la perfección y cuya transformación no ha sido completa, los que regresan y cuentan la historia. Yves Klein nació en el sur de Francia en 1928, hijo de una pareja de artistas, aunque su burguesa tía Rose contribuyó más a su crianza que aquellos pintores sin dinero ni estabilidad, y fue también ella quien financió muchos de sus proyectos. Cuando aún era bebé, su tía y su abuela lo encomendaron a santa Rita de Cascia, patrona de las causas perdidas, y el propio Klein, que consiguió conjugar su condición de artista de vanguardia con la de místico medieval, hizo cuatro peregrinaciones al santuario de la santa en Italia en su madurez. O al menos en su edad adulta, pues da la impresión de que en ciertos sentidos nunca dejó de ser un niño: mimado, caprichoso, sin paciencia ante las restricciones, pero también alegre, generoso, bromista e imaginativo.

Sus dos grandes influencias llegaron a su vida el año en que cumplió los diecinueve. Una fue la *Cosmogonía* de Max Heindel, la biblia de la Orden Rosacruz, que leyó repetidas veces a lo largo de la década siguiente. Durante los tres o cuatro años posteriores, Klein recibió lecciones semanales por correo de la Fraternidad Rosacruz de Oceanside, en California. Con el caos de la guerra y de sus propias vidas ambulantes, sus padres le habían permitido dejar el colegio a una edad temprana, y su fascinación por ese único libro parece reflejar en cierto modo la insularidad de aquellos cuyas experiencias han sido limitadas, que pueden quedar profundamente impresionados por una sola fuente, por una única versión. La Rosacruz, una secta mística cristiana de raíces medievales, describía el mundo en términos utópicos y alquímicos. La forma y la materia, según Heindel, eran limitaciones y obstáculos para la libertad y la unidad del espíritu puro, y Klein llegaría a producir un arte que encarnaría lo informe y lo inmaterial. En aquel primer año de estudio de la doctrina rosacruz, en el que lo acompañaron sus amigos Claude Pascal y Armand Fernández (que se haría famoso como artista con el nombre de Arman), estos jóvenes intentaron llevar una vida ascética de meditación, ayuno, vegetarianismo, aunque también escuchaban jazz, bailaban *swing* (hay una fotografía en la que se ve a Klein, con cara de niño, levantando a una chica sobre sus hombros) y de vez en cuando incumplían sus votos de castidad. Un día se repartieron el mundo entre los tres; según una versión de este episodio, a Arman le tocaron los animales, Pascal se quedó con el reino vegetal y Klein se pidió el cielo. Había viajado con la imaginación hasta la otra cara del cielo, «la cara en la que no había pájaros, aviones ni nubes, solo Espacio puro e irreducible», escribe el crítico de arte Thomas McEvilley, y lo había firmado con su nombre.[1] Su ambición tampoco tenía límite.

La otra gran influencia fue el judo, que empezó a practicar ese mismo año. Se le daba bien, y la forma en que las artes marciales orientales imparten al mismo tiempo disciplina mística y destrezas para la lucha encajaba con él. Quizá también lo cautivara la manera en que los judocas aprenden a volar por los aires y caer al suelo sin hacerse daño y a transportar a otros de la misma forma. Durante unos años vio el judo como la

---

1 El espectacular ensayo de Thomas McEvilley está incluido en el catálogo de 1982 de la exposición *Yves Klein, 1928-1962: A Retrospective* (Institute for the Arts, Rice University). Entre las fuentes sobre Yves Klein se encuentran, además de este catálogo, el libro *Yves Klein* de Nicolas Charlet, París, Adam Biro, 2000, con prólogo de Pierre Restany, amigo de Klein, y el volumen *Yves Klein* de Sidra Stich, Stuttgart, Hatje Cantz, 1994.

disciplina en la que llegaría a sobresalir, y soñaba con cruzar Asia a caballo para ir a Japón a formarse en aquel arte. Al final, aunque pasó tres meses en Irlanda aprendiendo a montar y a trabajar con caballos, fue a Japón en barco (con un pasaje pagado por su tía). Pasó ahí quince meses, financiado por la tía Rose, y aunque ya había empezado a pintar pequeños cuadros monocromáticos y había expuesto su obra, así como la de sus padres, se concentró cada vez más en el judo. Quería llegar a ser cinturón negro 4.º dan (un nivel que pocos habían alcanzado por aquel entonces en Europa), ganar el campeonato europeo y dominar la federación francesa. Se sometió a intensos entrenamientos y aumentó sus niveles de energía con anfetaminas, que todavía eran legales en Japón y en Francia, y parece que esta droga se convirtió en una parte integral de la persona que sería el resto de su vida: inquieto, enérgico, insomne, prolífico, impredecible y grandilocuente. A base de talento, un esfuerzo enorme y un poco de manipulación, consiguió el título de cinturón negro 4.º dan y tomó el barco de regreso a Francia, pero allí sus ambiciones no dieron los frutos que se había imaginado (y he aquí la última acepción de *perder*: perder una competencia, como cuando se dice que los Giants han perdido la Serie Mundial de béisbol). Y así comenzó su carrera como artista.

Podría decirse, sin embargo, que en cierto modo inició esta carrera estando ya en la cumbre. El tipo de obras que hacía no requerían de una gran destreza técnica, sino una capacidad brillante de comprender ideas y de entender el mundo del arte, cosa que él ya poseía. Los rosacruces enseñaban una doctrina del color y, para empezar a hacer sus monocromos, Klein adaptó esta idea de la existencia de unos espacios puros de color y del color como una esfera espiritual. Aunque al principio utilizó el naranja además del azul para pintar los lienzos y acabó adoptando una trinidad de pan de oro, rosa fuerte y azul intenso, fue el azul el que lo obsesionaría y lo definiría, el azul de la mayor parte de su obra pictórica. Azul: el color que representa el espíritu, el cielo y el agua, lo inmaterial y lo remoto, de forma que, por tangible que sea y por muy cerca que esté, siempre transmite distancia e incorporeidad. Hacia 1957 ya usaba solamente ese color, un pigmento puro azul ultramarino mezclado con una resina sintética que, a diferencia de la mayoría de los aglutinantes empleados en pintura, permitía que el color conservara su viva y profunda intensidad.

Terminó patentando esta fórmula con el nombre de IKB, International Klein Blue (y, como forma de reconocer y celebrar la monomanía de pintar cientos de cuadros del mismo color, compuso una sinfonía que contenía una sola nota y que se vinculaba con la parábola de un flautista que durante años tocó solamente una nota, pero la nota perfecta, la nota hermosa, la nota reveladora de misterios). «Con este azul —escribe una crítica de arte—, Klein sintió por fin que podía dar expresión artística a su concepción de la vida como una esfera autónoma cuyos polos eran la distancia infinita y la presencia inmediata». Afirmó que su obra azul anunciaba el comienzo de *l'époque bleue*, la Era Azul, y su primera exposición importante llevó ese título. Tuvo lugar en Milán en 1957 y estaba conformada por once cuadros azules, sin ningún rasgo que los diferenciara, todos del mismo tamaño y cada uno con un precio diferente, de tal forma que la obra funcionaba en la esfera empírea de las ideas y al mismo tiempo era una subversión del mundo del comercio. Cuando la misma muestra se expuso en París, se soltaron mil y un globos azules al cielo vespertino.

Los cuadros azules eran al mismo tiempo objetos que se podían crear y vender y ventanas al mundo sin fronteras del espíritu. Pero había formas más directas de acceder a ese mundo. Para su segunda exposición en París, *Le Vide* [«El vacío»], vació completamente la pequeña galería y la limpió a fondo. Tras la primera de sus visitas al santuario de santa Rita («Creo que esta exposición del Vacío es un tanto peligrosa»), se pasó dos días pintando toda la galería de blanco mientras invocaba fuerzas inmateriales con la mente, fuerzas que describió como «un estado pictórico sensible dentro de los límites de una sala de exposiciones. En otras palabras, la creación de una atmósfera, un clima pictórico real y, por ende, invisible. Este estado pictórico invisible contenido en el espacio de la galería debe estar tan presente y poseer tal vida autónoma que debe ser literalmente lo que hasta la fecha se ha considerado la mejor definición de la pintura en general: un "resplandor"». La exposición recibió entre dos y tres mil visitantes; en la entrada se apostó la Guardia Republicana, que normalmente se reservaba para proteger a altos dignatarios, y la gran afluencia de público requirió la presencia de la policía y los bomberos. Fue un éxito enorme, aunque permanece abierta la pregunta de qué fue lo que pensaron los visitantes que vieron la galería vacía. Albert Camus escribió en el libro de visitas: «con el vacío, plenos poderes», haciendo un juego de palabras con el vacío y la plenitud. Todos los que bebieron los cócteles azules que se sirvieron en *Le Vide* estuvieron días orinando pis azul.

En aquella exposición vendió dos cuadros inmateriales, y más tarde desarrolló una transacción formal para vender el acceso a lo inmaterial: el precio de una *Zona de sensibilidad pictórica inmaterial* se pagaba en oro, la mitad del cual Klein tiraba de inmediato a un río, al mar «o a algún lugar de la naturaleza donde nadie pueda recuperar ese oro», con el fin de devolverlo a la vida. Para completar el ritual de desaparición y desprendimiento, los compradores estaban obligados a quemar el recibo en el que aparecían escritos el nombre del artista y todos los detalles de la compra, de modo que lo que les quedaba una vez finalizada la operación era exactamente nada. Se vendieron varias *Zonas*. El trabajo de Klein se adelantó a muchos de los conceptos y gestos de movimientos artísticos que aún no habían nacido, como el arte conceptual, el minimalismo, la performance y el movimiento Fluxus. Su *Salto al vacío* de 1960, en cierto modo la culminación de todo su trabajo, fue en muchos sentidos su obra más representativa, ya que combinó una expresión profundamente sublime de la trascendencia con el humor, la proeza física y la autopromoción.

En uno de los mapas del atlas de Waldseemüller de 1513 aparecen representados de forma reconocible el Atlántico central, España y la protuberante costa occidental de África, pero la zona superior derecha de América del Sur no es más que un litoral lleno de pequeños nombres y desembocaduras de ríos y, sobre lo que hoy son Venezuela y Brasil y en letras mucho más gruesas, «Terra Incognita», territorio desconocido. La expresión era habitual en los mapas antiguos —incluso en un atlas que tengo del año 1900 hay una parte del Amazonas señalada como «inexplorada»— y rara vez se ve hoy en día. Entre las palabras hay silencio, alrededor de la tinta hay espacios en blanco, tras la información que contiene todo mapa está la información no incluida, lo no cartografiado y lo que no se puede cartografiar. Si se mira uno de esos atlas que recogen con todo detalle los grupos étnicos, el nivel educativo, los principales cultivos o el porcentaje de población extranjera de una localidad o un estado queda claro que cualquier lugar se puede cartografiar de infinitas maneras, que los mapas son profundamente selectivos. En Las Vegas se publica un nuevo mapa de la ciudad cada mes, porque el crecimiento es tan rápido que la gente que se dedica al reparto de mercancías necesita información actualizada sobre las calles constantemente, lo cual también nos recuerda que los mapas no pueden coincidir por completo con aquello que representan, que incluso un mapa tan preciso que incluyera hasta las briznas de hierba dejaría de serlo en cuanto la hierba se pastara o se pisara. El Gran Lago Salado es imposible de cartografiar con precisión porque está situado en una cuenca poco profunda y sin drenaje: cualquier pequeño cambio en el nivel del agua se traduce en una importante transformación de la línea costera del lago.

Jorge Luis Borges escribió una parábola sobre unos cartógrafos que creaban un mapa a escala 1:1 que abarcaba gran parte de un imperio sin nombre. Ni siquiera con una escala 1:1 podría ese mapa bidimensional representar todas las capas del ser de un lugar, sus múltiples versiones. Así, el mapa de las lenguas habladas y el mapa de los tipos de suelo representan el mismo terreno de formas diferentes, igual que la doctrina freudiana y el chamanismo describen la misma psique de formas diferentes. Ninguna representación es exhaustiva. Borges tiene otro cuento menos conocido en el que un poeta describe el inmenso e intrincado palacio del emperador con tal perfección que este se enfurece y lo acusa de ladrón. En otra versión de la historia, el palacio desaparece al quedar reemplazado por el poema. El poema que describe el palacio es el mapa perfecto, el mapa que es el territorio, y el relato recuerda a otro antiguo cuento sobre un pintor que estaba prisionero y, siguiendo órdenes del emperador de China, pintó un paisaje tan maravilloso que pudo escaparse metiéndose en él. Estas parábolas nos dicen que una representación siempre es parcial, ya que, si no, no sería una representación sino una especie de inquietante doble. Pero las zonas señaladas como *terra incognita* en los mapas nos dicen que el conocimiento también es una isla rodeada de los océanos de lo desconocido. Nos indican que los cartógrafos sabían que no sabían, y la conciencia de la ignorancia no es ignorancia sin más, sino que es una conciencia de los límites del conocimiento.

El cartógrafo del siglo XVIII Jean Baptiste Bourguignon d'Anville afirmó: «Acabar con ideas falsas, incluso si no se va más allá, es una de las formas de hacer progresar el conocimiento».[2] Reconocer la existencia de lo desconocido es parte del conocimiento, y lo desconocido es visible cuando aparece como *terra incognita* pero invisible en forma de selección: el mapa que muestra los terrenos agrícolas y las

---

2   Cita tomada del libro de Peter Turchi, *Maps of the Imagination: The Writer as Cartographer*, San Antonio, Trinity University Press, 2004.

principales ciudades no muestra las fallas sísmicas y los acuíferos, y viceversa. Unos ciento cincuenta años después de Cristo, un romano llamado Crates construyó un globo terráqueo basado en la teoría de que la Tierra tenía cuatro continentes, tres de ellos desconocidos. En torno a la misma época, Ptolomeo dibujó el atlas que durante mil quinientos años fue la principal fuente sobre la geografía del mundo. En palabras de un historiador de la cartografía, «Ptolomeo se alejó de la concepción del mundo habitado que tenían los griegos. Descartó la idea de un mundo rodeado de agua (en el sentido limitado empleado por Homero), de un "oceanus" circundante y relativamente cercano, y reconoció en cambio la posibilidad y la probabilidad de que existiera una Terra Incognita más allá de las fronteras arbitrarias que manejaba. En otras palabras, dejó la cuestión abierta a futuras investigaciones». Antes de Crates y de Ptolomeo, los mapas representaban un mundo conocido rodeado de agua, y esa idea de un mundo circundando debía de generar una autocomplacencia igual a la soberbia que exhibimos hoy y que hace tan improbable que en los mapamundis aparezcan las palabras «Terra Incognita».

En el mapa de América de Sebastián Caboto de 1544 aparece dibujada toda América del Sur, así como América Central y la costa este de América del Norte. Es un mapa precioso, con el estilo de la época: unas figuras humanas de piel oscura y tan grandes como provincias aparecen andando por el subcontinente sur, un par de osos polares mucho más grandes que Cuba y Haití se desplazan por el subcontinente norte en sentido opuesto, hacia el oeste, y unas matas de pasto a cuyo lado las cordilleras parecerían de juguete salpican la masa continental. La costa oeste de Norteamérica, sin embargo, empieza a difuminarse donde empieza California. Encima de la Baja California, la línea se interrumpe sin más, como si allí el mundo aún estuviera por hacer, como si aquello no fuese ni tierra ni mar, como si el Creador aún no hubiera finalizado esa parte de la Tierra, como si allí la solidez y la certeza se desvanecieran

a la vez, y sobre esa extensión en blanco aparece la expresión
«Terra Incognita». En un mapa elaborado dos años más tarde
por Gastaldi, Asia aparece encajada como una pieza de un rompecabezas en el terreno en blanco del oeste de Norteamérica,
de modo que parece que se puede ir a pie desde el Tíbet hasta
Nevada (que aún no aparece señalada ni nombrada) sin tener
que desviarse hacia el norte. El continente está salpicado de
unas formas extrañas e imprecisas que parecen orugas o nubes,
y más nubes delimitan el extremo redondo de la Tierra. El
Pacífico aparece representado correctamente en mapas posteriores, pero a veces en él hay dibujada una isla mítica con el
nombre de Java, mucho más grande que la isla que se acabaría
llamando así. Brasil, el Amazonas y California también son lugares reales que tomaron sus nombres de lugares imaginarios.
En ese Pacífico, California se representaba como una enorme
isla situada frente a la costa oeste de Norteamérica, y la costa
noroccidental del continente permaneció mucho tiempo sin
dibujar y fue una de las últimas extensiones de *terra incognita*
para los europeos que cartografiaron el mundo.

Imaginarse que uno sabe, poblar lo desconocido con pro-
yecciones, es muy distinto de saber que uno no sabe, y los
mapas antiguos reflejan ambas posturas, los paraísos terrenales
y las *terrae incognitae*, la desconocida costa noroccidental y la
imaginaria isla de California (cuya costa oeste, no obstante, se
dibujaba con algunos detalles y nombres precisos). Cuando
una persona no se presenta en un sitio, quienes la están esperando a veces empiezan a contar historias sobre lo que ha
podido ocurrir y terminan medio creyéndose la versión de la
deserción, el secuestro, el accidente. Preocuparse es una forma
de hacer como si tuviéramos conocimientos o control sobre
aquello que no sabemos ni controlamos, y me resulta sorprendente, incluso en mí misma, cómo preferimos las posibilidades
truculentas al puro desconocimiento. Quizá la fantasía sea eso
con lo que se rellenan los mapas para no decir que también ahí
está lo desconocido.

En la antigua Grecia, Heródoto habló de los atarantes del desierto de África, una tribu que vivía sin nombres propios, sin carne y sin sueños, y relató que en el este de Libia (como se le decía entonces al noroeste de África) se podía ver a «los seres con cabeza de perro y los seres sin cabeza, que (al menos según las afirmaciones de los libios) tienen los ojos en el pecho, así como los hombres y las mujeres salvajes, y otros muchos animales más que realmente existen».[3] Cientos de años más tarde, en el siglo III d. C., Solino afirmó que en Asia había hombres con pezuñas de caballo y cuerpos cubiertos de orejas en lugar de ropa, en Germania aves que despedían luz y en África hienas cuyas sombras robaban sus ladridos a los perros. Incluso en 1570, Abraham Ortelius dibujó un mapamundi en el que aparecía ese espléndido continente imaginario, Terra Australis, y en él incluyó un «río de las Islas», una «tierra de los Papagayos» y otros lugares completamente inventados. La creencia en Terra Australis no desapareció del todo hasta la segunda expedición del capitán Cook, en 1772-1775, igual que la del mítico Paso del Noroeste se derrumbó tras su última travesía. (Aunque quizá se convierta en realidad a causa del calentamiento global).

En el siglo XIX, la gente siguió buscando lugares que habían sido fruto de la imaginación y del deseo. Ya se había descubierto que la mágica Cíbola, nombre que aparece al norte de Nuevo México en los mapas antiguos, no era más que Kansas, y que el Paraíso no se encontraba en Centroamérica, como creyó Colón una vez que admitió que la topografía con la que se había encontrado no era la de Asia. Pero incluso en la década de 1840 John C. Frémont afirmó estar buscando el río Buenaventura, que unía el Gran Lago Salado con el Pacífico. Encontrar una ruta navegable que atravesara el continente

---

3   Se cita traducción de Carlos Schrader de Heródoto, *Historia. Libros III-IV*, Madrid, Gredos, 1979, pp. 463-464.

de lado a lado (o, como en la persistente fantasía del Paso del Noroeste, que lo bordeara por el norte) fue algo que se deseó largamente y que se abandonó con renuencia, y los miembros de la expedición Donner murieron en parte por la descripción errónea de un atajo que atravesaba las grandes extensiones de terreno salino del oeste de Utah, en la región inexplorada que durante mucho tiempo se llamó el Gran Desierto Americano. El centro-sur de Nevada, que no se exploró ni cartografió hasta mucho después, fue una de las últimas zonas de los cuarenta y ocho estados contiguos en llenarse de topógrafos, y es curioso que incluso a principios del siglo XX siguiera apareciendo en blanco en los mapas, a pesar de que en 1900 el estado estaba lleno de poblaciones mineras hoy desaparecidas: Manse, Montgomery y Midas, Belleville, Reveille y Candelaria. Más adelante, cuando una enorme franja de terreno del tamaño de Gales se convirtió en la base aérea Nellis, que albergaba el Emplazamiento de Pruebas de Nevada —el lugar donde a lo largo de un período de varias décadas se hicieron detonar un millar de bombas nucleares, como pequeños soles incendiarios—, en muchos mapas civiles la zona aparecía completamente en blanco, como si hubiera vuelto a formar parte de lo desconocido.

El último mapa en el que California aparecía representada como una isla probablemente se dibujó después de los viajes del capitán Cook, aunque la teoría de que el mar de Cortés se extendía hacia el norte y volvía a juntarse con el Pacífico (en lugar de ocupar la estrecha entrada de mar que termina donde la Baja California de México se convierte en la Alta California de los Estados Unidos) ya se había disipado para entonces. Desde luego, es extraño mirar los antiguos mapamundis y ver mi porción de continente representada como una isla y un vacío: en el mapa de 1650 de Nicolas Sanson d'Abbeville, California es una isla situada frente a una costa que se convierte en algo que no es ni tierra ni agua; en el mapa de 1652 de Henricus Seile hay una parte mayor de la costa noroccidental que aparece coloreada, pero en la que no se llegó a trazar la línea nítida de la certeza. «Terra Borealis Incognita», dicen las letras mayúsculas escritas sobre un inmenso territorio. Incluso el mapa de Pedro Font de la bahía de San Francisco y sus alrededores, de 1777, deja en blanco la zona del interior situada al norte del estrecho de Golden Gate (como lo bautizaría Frémont más tarde), lo que convierte el territorio en el que pasé mi infancia en *terra incognita*.

Durante la gestación de la reciente guerra contra Irak, cuyos dos grandes ríos centrales son lo más parecido que hay en la Tierra al Edén bíblico y sus cuatro ríos, uno de los buitres que defendió la idea de bombardear a civiles en Bagdad dijo: «Existe lo conocido conocido: cosas que sabemos que sabemos. También sabemos que existe lo desconocido conocido. Es decir, sabemos que hay cosas que no sabemos. Pero también está lo desconocido desconocido, que son aquellas cosas que no sabemos que no sabemos». La tercera categoría resultaría crucial en las convulsiones y las catástrofes de la guerra. El filósofo Slavoj Žižek agregó que se le había pasado un cuarto término, el de «"lo conocido desconocido", cosas que no sabemos que sabemos, que son precisamente el inconsciente freudiano, "el conocimiento que no se conoce a sí mismo", como decía Lacan», y agregó que «los verdaderos peligros están en las creencias, las suposiciones y las prácticas obscenas que hacemos como si no conociéramos».[4] Los espacios señalados en los mapas como «Terra Incognita» nos dicen que el conocimiento también es una isla rodeada de los océanos de lo desconocido, pero si estamos en la tierra o en el mar es otra cuestión.

En 1957, Yves Klein pintó un globo terráqueo de su intenso azul eléctrico, y este gesto convirtió el planeta en un mundo

---

4 Esta respuesta de Slavoj Žižek a Donald Rumsfeld apareció en «On Abu Ghraib», *London Review of Books*, 3 de junio de 2004.

sin divisiones entre países, entre la tierra y el agua, como si la propia tierra se hubiera vuelto cielo, como si mirar hacia abajo fuera mirar hacia arriba. En 1961, empezó a pintar mapas en relieve con ese mismo azul, su marca personal, de forma que la topografía se conservaba pero las demás distinciones desaparecían. Algunos de estos mapas representaban zonas de Francia, pero había uno que comprendía Europa y el norte de África. Al crear un todo continuo mediante la pintura, se borraban las distinciones, incluso entre Argelia y Francia, que en ese momento estaban en guerra. «Klein utilizó el color —escribe la historiadora del arte Nan Rosenthal— como si pudiera ser una herramienta explícita y abiertamente política para acabar con las guerras». Él siempre se había opuesto a hacer distinciones y divisiones e incluso se había manifestado vehementemente en contra de la línea en la pintura, elogiando en cambio la fuerza unificadora del color. Su obra nos recuerda que, por muy hermosos que sean, con sus barcos y dragones, esos mapas antiguos eran instrumentos al servicio del imperio y el capital. La ciencia es la herramienta con la que el capitalismo conoce el mundo, me señala un amigo, y las distinciones y los detalles que contenían esos mapas servían ante todo para los comerciantes y las expediciones militares. Los territorios señalados como «Terra Incognita» eran también los que aún no se habían dominado. Pintar el mundo de azul lo convertía todo en *terra incognita*, indivisible e inconquistable, un feroz acto de misticismo.

A lo largo de toda su obra, Klein intentó trascender o destruir la representación misma, que siempre tiene que ver con lo que está ausente, y sustituirla por un arte de la inmediatez y la presencia, aunque fuera la presencia de lo inmaterial, del vacío. Quiso eliminar la multiplicidad y reemplazarla por la unidad: las imágenes por el color puro, la música por una única nota, lo material por lo inmaterial. Sus cuadros principales no tenían tema, e incluso las obras en las que aparecía la figura humana eran huellas del contacto (del yeso con el cuerpo masculino, de la pintura con el cuerpo femenino), no representaciones. Lo que era material al menos no era figurativo, y Klein persiguió la disolución, la desaparición y la desmaterialización de forma más directa con la exposición *Le Vide*, con las llamas de los quemadores de gas que eran obras de arte en sí mismas o que utilizaba para quemar o agujerear lienzos y dejar la marca del fuego, con el oro que tiraba al río y con el *Salto al vacío*. Eran actos de misticismo porque le interesaba la disolución de la mente racional, de las expectativas, quizá de la era industrial, y, por lo tanto, borrar el mapa de la razón y acceder al vacío de la conciencia pura que había sido el tema de su primera exposición en París.

El *Salto al vacío* de 1960 está envuelto en cierta polémica. Lo que ha quedado es la fotografía oficial. En ella se ve una tranquila calle de París con unos muros de piedra, una vieja vereda, unos frondosos árboles que asoman por encima del muro y, desde el tejado abuhardillado de la tapia o del edificio tapiado de la izquierda, a Klein saltando. No cayendo, sino saltando hacia arriba, con el cuerpo arqueado, los brazos estirados y unos cuantos mechones de pelo levantados sobre la frente, a una gran altura (no menos de tres o cuatro metros de la calle), saltando como si ni siquiera tuviera que pensar en aterrizar, como si jamás fuera a aterrizar, como si estuviera entrando en el mundo ingrávido del espacio o el mundo intemporal de la fotografía, donde se mantendría suspendido en el aire eternamente. El color blanco del cielo de la fotografía en blanco y negro, el traje oscuro (Klein siempre iba impecablemente vestido) y la curva ascendente de su espalda hacen del salto un acto formal y ceremonioso, no una simple crisis de la gravedad. Por el fondo pasa un tren y por el lado derecho va una persona en bicicleta, la única presencia en la calle desierta. Como en el cuadro de Brueghel en el que Ícaro cae al mar mientras un labrador trabaja la tierra, Klein vuela y parece que nadie lo sabe o que a nadie le importa, o eso dice la fotografía (que, por supuesto, es la prueba de que al menos había fotógrafos presentes).

Klein publicó una única edición de un periódico de cuatro páginas, *Le Dimanche* (El Domingo), cuya primera plana estaba dominada por la fotografía del salto y cuyos distintos textos, con formato periodístico, contenían una descripción y un manifiesto de su arte. «¡Un hombre en el espacio!», decía el titular junto a la fotografía, parodiando la carrera espacial y su intención de poner en órbita a un hombre, y al pie de la fotografía se leía: «¡El Monocromo [Yves le Monochrome era su *nom de guerre*], también campeón de judo y cinturón negro 4.º dan, se entrena regularmente en la práctica de la levitación dinámica! (Con red o sin ella, jugándose la vida). Quiere estar en forma para ir pronto al espacio y reencontrarse con su obra favorita: una escultura aerostática compuesta por mil y un globos azules que en 1957 se escapó de su exposición rumbo al cielo de Saint-Germain-des-Prés y nunca regresó. Liberar la escultura del pedestal ha sido una obsesión suya durante mucho tiempo». El texto es puro Klein: una mezcla de lúcido compromiso con la práctica artística y con la actualidad, jocosidad y misticismo. Continúa así: «Cualquiera que hoy en día se dedique a pintar el espacio realmente tiene que viajar al espacio para pintar, pero debe llegar hasta ahí sin trucos y no puede ir en avión, en paracaídas ni en cohete; tiene que llegar por sus propios medios, valiéndose de una fuerza autónoma e individual. En una palabra: tiene que ser capaz de levitar». Así fue como llegaron a una culminación sus estudios de judo y de la Rosacruz de sus años de juventud. «La revolución azul continúa», proclama un grueso titular en la cabecera.

Klein había estado obsesionado con volar durante gran parte de su vida. En palabras de su viuda, Rotraut: «Estaba convencido de que podía volar. Me contaba que en el pasado los monjes habían sido capaces de levitar y que él también lo conseguiría. Era una obsesión. Igual que un niño, de verdad estaba convencido de que podría hacerlo». Volar significaba acceder literalmente al cielo que había declarado suyo, significaba desaparecer (que, según un amigo cercano, para él fue una obsesión tan fuerte como la de levitar) y significaba entrar en el vacío. A veces el salto al vacío se interpreta como una expresión budista referida a la iluminación, a la aceptación de un vacío que no es la carencia que nos parece a los occidentales, sino que consiste en desprenderse de lo finito y lo material, abrazar la ausencia de límites, la trascendencia, la libertad, la iluminación. «¡Ven conmigo al vacío! —escribió Klein—. Tú que también sueñas / con ese maravilloso vacío / con ese amor absoluto».

Una fotografía es una prueba, pero esta fotografía del salto de Klein es la prueba de algo más complejo que el momento en que un hombre echa a volar, y las versiones de los hechos son enormemente dispares. La fotografía solo es la huella o el *souvenir* de la obra de arte, que es el propio salto. Fue tomada el 19 de octubre de 1960 y es uno de los primeros ejemplos de un nuevo tipo de fotografía que cobraría importancia en esa década, la fotografía como documento de una obra de arte demasiado remota, demasiado efímera, demasiado personal para poder verse de otra forma, una obra de arte que no puede exponerse y que si no fuera por esa fotografía se perdería, de tal forma que la imagen ocupa su lugar. Los artistas mostraban imágenes con las que documentaban acciones físicas, gestos efímeros, actos de manipulación de paisajes recónditos, de modo que la función principal de la fotografía no era ser una obra de arte o generar una experiencia estética, sino ser un *souvenir* de lo no presenciado, de lo ocurrido en otro momento y otro lugar, un instrumento para la imaginación.

La fotografía del salto es un montaje: Klein el maestro judoca sí saltó, pero debajo había otros diez judocas sujetando una lona, así que en la fotografía se unió la parte superior, en la que aparece él, con la calle de abajo, sin la lona y sin sus compañeros. Pero McEvilley lo cuenta de otra forma. Según su versión, que él recoge de personas cercanas a Klein, incluidas algunas que presenciaron los múltiples saltos, en enero de aquel año tuvo lugar un auténtico salto al vacío, pero los testigos principales no estaban presentes y no quedó ninguna prueba. Bernadette Allain, la mujer con la que vivió Klein antes de Rotraut, presenció el primer salto y recuerda: «Para un judoca que sabía cómo caer, no era nada extraordinario. (...) Era natural que alguien con su grado de entrenamiento supiera cómo posicionarse para caer. Lo hizo como un reto o un desafío, para demostrar que era capaz de saltar al vacío; no de tirarse por una ventana, sino de saltar hacia el cielo. (...) Debajo de él no había nada más que el pavimento, ¡nada!». El escenario de aquel salto fue la casa de la galerista Colette Allendy en la rue de L'Assomption, la calle de la Asunción, que en la católica Francia no puede significar otra cosa que la asunción al cielo del cuerpo de la Virgen María, sobre todo porque esa tranquila calle del 16.º *arrondissement* se encuentra a solo unas manzanas de la rue de l'Annonciation, la calle de la Anunciación (a la que daba la calle donde estaba la casa en que viví yo unos meses, en el cuarto de servicio, a los diecisiete años, según compruebo ahora al mirar un viejo mapa de París, con la extrañeza de pensar que debí de pasar por el escenario del salto muchas veces sin saberlo, que cada una de nuestras vidas traza su propio mapa sobre un terreno común).

Tras el salto de enero, Klein fue a visitar a un amigo piloto que se perdería de verdad en el vacío cuando su avión desapareció en el Himalaya; fue la última vez que lo vio. Una secuela de lo que había hecho fue la cojera que sufrió durante un tiempo después del salto, por «una torcedura de tobillo». Al comprobar que pocos creían que hubiera saltado, volvió a hacerlo ante las cámaras en el mes de octubre, en otro lugar. Esa fue la vez que saltó con una lona, dos veces, delante de los fotógrafos. Rotraut lo había convencido de que no volviera a saltar sin poner nada sobre el pavimento. La fotografía oficial lo muestra describiendo una trayectoria ascendente con serenidad. En otra toma se lo ve borroso, mirando hacia abajo y ligeramente agitado, no como cae un hombre sino quizá como caería un gato. En la fotografía que se hizo pública, sin embargo, su trayectoria ascendente es eterna y verdaderamente está volando en el instante conservado por la cámara.

¿Qué más contar de Yves Klein? El año siguiente al de los tres saltos estuvo en los Estados Unidos, donde fue recibido con frialdad en Nueva York y con calidez en Los Ángeles, cuya escena artística justo empezaba a florecer. Tenía mucho interés en visitar el valle de la Muerte y estuvo en el desierto (aunque no llegó hasta el valle) con un artista y un curador jóvenes que lo llevaron en coche. De algún modo, fue como si aquel viaje al Lejano Oeste, desde donde le habían llegado sus lecciones sobre la Rosacruz, completara el viaje que había comenzado con su visita al Lejano Oriente para estudiar judo. Después de esto empezó a pensar cada vez más en la muerte, que siempre había asociado con el acto de volar y con la desaparición. De vuelta en París, comenzó a hacer sus relieves planetarios (los mapas en relieve pintados de azul), se casó con Rotraut, que estaba embarazada, y su corazón, castigado por las anfetaminas, empezó a fallar. Murió en junio de 1962, a los treinta y cuatro años, unos meses antes de que naciera su hijo, que también se llamaría Yves Klein. Aunque era trágicamente joven, su vida parece un meteorito, una estrella fugaz, una trayectoria completa por el cielo, una obra de arte concluida.

Las películas están hechas tanto de oscuridad como de luz. Son los intervalos sumamente breves de oscuridad entre las luminosas imágenes fijas lo que hace posible que estas formen una película en movimiento. Sin esa oscuridad, no se vería más que una imagen borrosa. Eso quiere decir que un largometraje contiene media hora o una hora de pura oscuridad que pasa desapercibida. Si pudiéramos juntar toda la oscuridad, veríamos a todos los espectadores del cine mirando una profunda noche imaginaria. Es la *terra incognita* del cine, el continente oscuro que hay en todo mapa. De forma parecida, cuando alguien corre, cada paso que da es un salto, así que hay un momento en el que no existe ningún contacto entre su cuerpo y el suelo. Durante esos breves instantes, las sombras ya no se vierten desde sus pies, como si fueran un reguero, sino que permanecen debajo de ellos como un doble, como ocurre con los pájaros, cuyas sombras se arrastran por el suelo que hay debajo, acariciando la superficie terrestre, creciendo y achicándose según se acerquen o se alejen de esa superficie los cuerpos que las forman. Tengo algunos amigos que corren largas distancias, y en su caso esos brevísimos instantes en los que levitan suman una cantidad importante de tiempo; con su propia potencia, pasan muchos minutos suspendidos en el aire, puede que una fracción considerable de una hora, y tal vez mucho más en las ultramaratones de más de cien kilómetros. Volamos; soñamos en la oscuridad; nos devoramos el cielo de a bocados tan pequeños que no se pueden medir.

Una casa, una historia

Llevaba la tortuga sujeta con las dos manos, con los brazos estirados delante del cuerpo, como un monaguillo con su Biblia o un zahorí con su varita, mientras caminaba por los bordes de la habitación. Se distinguían claramente todos los escudos del caparazón de color rojizo. Le salía agua del cuerpo, más agua de la que era posible que almacenara un animal de ese tamaño. La tortuga era una fuente, un diluvio entre mis manos, y al despertarme me di cuenta de que la habitación por la que caminaba era el dormitorio de mi infancia.

Deambulaba por aquella casa de vez en cuando desde que la había dejado a los catorce años. Había pasado un cuarto de siglo y en mis sueños aún no había salido de ahí. Era una típica casa suburbana de la época, de una sola planta, con forma de L. Las casas que dibujan los niños son como rostros en los que las ventanas de la planta superior son los ojos y la puerta es la boca. Poseen una solidez y una centralidad que las convierten en hogares, igual que la cabeza es nuestro hogar. Aquella casa, que tenía una serie de ambientes comunes conectados entre sí como si no fueran más que pasillos inflamados y unos dormitorios que parecían callejones sin salida similares a apéndices, carecía de centro, y sin embargo mi psique había quedado atrapada en su interior. Las plantas que habían plantado alrededor los anteriores propietarios eran extrañas, exóticas:

limpiatubos, madroños artificiales, un abeto del mismo azul claro que los pantalones de pana que llevaban los niños entonces, suculentas y otras especies sin nombre, inidentificables e incomestibles, con hojas brillantes o puntiagudas. En un estrecho terreno a un lado de la casa había una planta que siempre estaba a la sombra y de la que cada año brotaba un solo lirio gigantesco que parecía de un cuero negro arrugado procedente de la fina piel de algún animal. Delante de cada uno de los dos dormitorios infantiles que daban a la calle había un enebro retorcido, y de noche, con las luces de los faros de los coches, las sombras de las ramas revoloteaban por las paredes como pterodáctilos. Los toldos, los aleros del tejado y el techado del patio impedían que la luz del sol entrara directamente en aquel lugar de fórmica, azulejos y linóleo, cubierto por una alfombra verde oscura de un pelo que semejaba un bosque fotografiado desde el cielo. Todo en esa casa parecía estar hecho con materiales fríos y extraños, y lo más raro de todo era la piscina.

No era climatizada y durante la mayor parte del año el agua estaba demasiado fría para unos niños flacuchos, pero siempre había que estar limpiándola y retirando la suciedad que caía en ella, y las herramientas para hacerlo eran increíblemente largas, como cubiertos para un gigante con la cabeza en las nubes. Era del típico color azul turquesa de las piscinas, con un borde de cemento rosa que te raspaba los pies descalzos y un agua que despedía un penetrante olor a cloro. Toda masa de agua tiene algo de inquietante y misterioso; el agua turbia presagia cosas invisibles en sus invisibles profundidades, el agua clara te muestra lo lejos que está el fondo, como si pudieras caerte dentro, aunque después te mantiene a flote en ese extraño espacio que no es ni tierra ni aire. Aquella misteriosa masa de agua era como un cuerpo de nueve metros de largo y dos y medio de alto en su parte más honda, como un prisionero transparente en cuyas profundidades podías tirarte. La más mínima brisa dibujaba formas en la superficie, formas que el sol convertía en extrañas madejas de luz que se movían por el fondo, redes infinitas en un mar sin peces. Además de con la casa, después de vivir ahí seguí soñando una y otra vez con la piscina. Era como si no encontrara la salida de la casa, como si siguiera perdida en su interior, aunque la piscina no era tanto parte del laberinto como su pozo sagrado.

En aquella casa pasaron cosas terribles, aunque nada especialmente inusual o interesante; basta con decir que por algo los psicólogos reciben cuantiosas sumas de dinero por pasar una hora escuchando esa clase de historias. O quizá sí se debe decir una cosa, acerca del capitalismo del corazón, la creencia de que las esencias de la vida también pueden adquirirse y acapararse, de que se puede crear un monopolio de autoestima, hacer una adquisición hostil de felicidad. Se basa en la economía de la escasez, en la idea (o quizás el sentimiento) de que no hay suficiente para todos, y en la creencia en que esos fenómenos intangibles existen solo en una cantidad determinada por la que tenemos que pelearnos, y no que la única forma de hacer que aumenten es regalándolos. Una historia puede ser un regalo como el hilo de Ariadna o puede ser el laberinto, o el voraz Minotauro del laberinto; nos orientamos por el mundo con historias, pero a veces solo escapamos cuando nos desprendemos de ellas.

Hace unos años soñé que mi madre había reformado la casa, aunque con la clase de reforma que se hace en un sueño, muy poco sutil: la piscina estaba rodeada de cristales rotos, en el baño había dos bañeras hundidas con forma de ataúd y en el pequeño cuarto que había sido mi dormitorio habían dado una brillante capa de pintura y habían dibujado una fila de esqueletos danzantes en una pared. De vez en cuando también soñaba con mi padre, y mucho después de su muerte, no mucho después de que el ermitaño me enseñara a disparar, hubo un período en el que le decía que no se acercara a mí porque iba armada. Tras esta serie de victorias, se volvió inofensivo. Estaba claro que con los años estaba haciendo progresos.

Me apropié del dormitorio principal y decidí instalarme en él, expulsé a la familia de mi propia habitación y entonces tuve el sueño de la tortuga.

En los sueños no se pierde nada. Las casas de la infancia, los muertos, los juguetes que habían desaparecido: todo aparece con una nitidez que la mente es incapaz de alcanzar en la vigilia. Lo único que está perdido en los sueños eres tú mismo, que deambulas por un terreno donde incluso los lugares más familiares no son del todo ellos mismos y conducen a lo imposible. A la mañana siguiente del sueño de la tortuga que soltaba agua, sin embargo, supe que ya no estaba atrapada en la casa. El peso de un sueño no es proporcional a su tamaño. Hay sueños que están hechos de niebla, sueños hechos de encaje, sueños hechos de plomo. Hay sueños que parecen hechos no tanto de los detritos habituales de la psique como de rayos de luz enviados desde el exterior.

Me pregunté de dónde había venido la tortuga. Recordé que cuando tenía dos años me había subido, en un zoológico, a una tortuga gigante de las Galápagos; recordé una tortuga caja que tuvo mi hermano del medio como mascota, así como las pequeñas tortugas de orejas rojas que decorábamos con pintura para Pascuas en los tiempos en que el maltrato animal tenía otro estándar; leí sobre el pueblo zuni y su creencia de que las tortugas son los espíritus de los muertos que regresan; me di cuenta de que las imágenes de tortugas de todo tipo ejercían cierta atracción sobre mí. Pasaron meses antes de que recordara un encuentro con una tortuga del desierto que se había producido casi diez años antes, mientras acampaba en el Mojave con un grupo de mujeres. Vi a la tortuga, un ejemplar adulto, en medio de un camino secundario, cerca del valle de la Muerte, y paré la camioneta. Nos bajamos a mirarla y yo recité lo que sabía sobre esos animales: que no hay que tocarlos, ya que los estresa la transformación de su entorno, que son vulnerables a enfermedades e infecciones, especialmente a un trastorno respiratorio, y que si uno los toca puede contagiarlos. En situaciones de crisis, a veces expulsan toda el agua que tienen almacenada, agua que han extraído lentamente de las hojas y bebido de los charcos que se forman tras las lluvias intensas (y que puede suponer hasta el cuarenta por ciento de su masa corporal), y perder el agua es una crisis en sí misma. Pero también tienden a ser atropellados por coches y camionetas en todo el territorio en el que habitan, que abarca el desierto de Mojave y la zona occidental del desierto del Colorado. Nos quedamos observando a la tortuga, que se había detenido al vernos parar, vimos unos cuantos coches que se aproximaban a lo lejos, y entonces saqué un trapo limpio, lo puse entre mis manos y el caparazón y la levanté del suelo. Tenía la cabeza y las extremidades retraídas, así que avancé cargando una pesada cúpula de color tierra con líneas concéntricas grabadas en cada escudo, un mosaico de mandalas. Sujetándola delante de mí, me adentré en el desierto salpicado de arbustos y, al cabo de unos quince metros, la dejé en el suelo, con el cuerpo orientado hacia la misma dirección en la que estaba yendo por la ruta. Una vez en el suelo, empezó a avanzar de nuevo, moviéndose con una extraña inclinación del cuerpo y sacudiendo ligeramente el caparazón con cada paso. Uno de los cuentos budistas más conocidos es sobre dos monjes que han hecho el juramento de no tener más contacto con mujeres. Un día llegan a la orilla de un turbulento río y se encuentran con una mujer que les ruega que la ayuden a cruzarlo (en las fábulas antiguas siempre escasean las mujeres atléticas), así que uno de ellos la levanta y cruza el río con ella en brazos. Cuando los dos monjes llevan un rato caminando por la otra orilla, el segundo monje le reprocha al primero que haya incumplido sus votos y este le contesta: «¿Por qué sigues tú llevándola en brazos? Yo la he dejado en el suelo al llegar a la orilla». Años después de aquel breve encuentro en el desierto, yo seguía llevando en brazos a la tortuga, pero se había convertido en una brújula, un visado, un amuleto.

La tortuga del desierto se encuentra en peligro de extinción (el Servicio Federal de Pesca y Vida Silvestre de los Estados Unidos le asignó oficialmente el estatus de «amenazada» en 1990) debido a la invasión humana de su territorio. Las causas de la disminución del número de ejemplares son múltiples. Las plantas exóticas han afectado su dieta, y los animales de pastoreo, los perros, los vehículos, la construcción y las bases militares han tenido su impacto, al igual que la extendida costumbre de llevárselas a casa como mascotas. El aumento del número de vertederos en el desierto ha dado lugar a un crecimiento inmenso de la población de cuervos, que se alimentan de las crías de tortuga durante los casi cinco años en que sus caparazones aún no son lo suficientemente duros para protegerlas. (Una vez el ermitaño se encontró una cría de tortuga con graves heridas de picotazos en el caparazón. Se la llevó a casa y llamó al veterinario de un zoológico al que conocía para intentar salvarle la vida con cirugía casera. Yo estaba de viaje y él me fue dando partes telefónicos sobre «la señorita Tortuga» durante unos días, y al final me dijo que «la señorita Tortuga no había salido adelante»). La tortuga del desierto puede pasar más de un año sin comer ni beber, hiberna durante varios meses al año en la zona norte de su hábitat, donde hace más frío, pasa la época más calurosa del verano al frescor de su madriguera, rara vez se aleja más de un par de kilómetros de su guarida, anda despacio, vive despacio y alcanza edades prodigiosas, de más de cien años. Llevan existiendo unos sesenta millones de años. El plan para salvar la especie está diseñado para que tengan un cincuenta por ciento de probabilidades de seguir existiendo dentro de quinientos años. El gobierno no está dispuesto a dedicar más recursos o restringir más actividades de lo necesario para dar a la especie la misma probabilidad de sobrevivir que de extinguirse.

En 1919, una joven etnógrafa se enamoró de un herrero de la tribu chemehuevi, cuyo enorme territorio es el corazón del hábitat de la tortuga del desierto. El herrero, George Laird, ya tenía cuarenta y ocho años, y de chico había aprendido muchos saberes que se estaban olvidando, perdiendo y diluyendo. El invierno en que tenía dieciséis años, alrededor de 1888, había cuidado a un enfermo de sífilis en los últimos días de su agonía, y este le enseñó una forma más pura de su lengua y «llenó las largas noches en vela con cuentos sobre los Inmortales, los Animales Que Eran Personas de la época prehumana, narrados con gran estilo y elegancia». Durante los veintiún años en que el hombre chemehuevi y la etnógrafa, Carobeth Laird, fueron inseparables, ella aprendió la lengua, las canciones y las historias que conocía él, y mucho después de su muerte, cuando ella también había alcanzado la vejez, escribió un libro de etnografía a partir de sus notas y sus recuerdos. Sobre la tortuga, dejó escrito: «Este reptil era deseado por su carne, pero también poseía un extraño halo de sacralidad. Simbolizaba, y sigue simbolizando hoy en día, el espíritu de los seres primigenios. "El corazón de un chemehuevi es duro, igual que el de la tortuga". Esta "dureza de corazón" representa la voluntad y la capacidad de soportar y de sobrevivir».[1] Pero la tortuga no nos está sobreviviendo muy bien.

Lo natural es que las cosas se pierdan, no al contrario. Pensemos en los pocos sueños que se han salvado del compost del tiempo (de entre los cientos de miles de millones que se han tenido desde que surgió el lenguaje para describirlos), en los pocos nombres, los pocos deseos, incluso las pocas lenguas, pensemos en que ignoramos qué idiomas hablaban quienes erigieron los monumentos megalíticos de Gran Bretaña e Irlanda o qué significado tenían esas piedras, en que no sabemos mucho sobre la lengua de los gabrielinos de Los Ángeles o de los miwoks de Marin, en que desconocemos cómo o por qué se dibujaron las enormes figuras en el suelo del desierto de

---

1 Carobeth Laird, *Encounters with an Angry God: Recollections of My Life with John Peabody Harrington*, Albuquerque, University of New Mexico Press, 1993 [1975], y *The Chemehuevis*, Banni, Malki Museum Press, 1976.

Nazca, en Perú, en que no sabemos gran cosa ni siquiera sobre
Shakespeare o Li Po. Es como si convirtiéramos la excepción
en la norma y creyéramos que las cosas deberían conservarse y
no que mayormente se van a perder. Creemos que deberíamos
poder encontrar el camino de vuelta siguiendo el rastro de los
objetos que hemos ido dejando por el camino, como Hansel
y Gretel en el bosque, que los objetos nos llevarán hacia atrás
en el tiempo e iremos deshaciendo todas las pérdidas, por un
sendero de objetos perdidos que empieza con los anteojos y
termina con los juguetes y los dientes de leche. La realidad, en
cambio, es que la mayoría de los objetos se encuentran en las
constelaciones secretas del pasado irrecuperable y solo regresan en los sueños, donde lo único que está perdido es la persona que sueña. Tienen que seguir existiendo en algún lugar (no
es que los caballos de plástico y las navajas se descompongan),
pero ¿quién sabe adónde los llevan las grandes corrientes de
objetos que se desplazan por nuestro mundo?

Una vez me encontré un medallón que en una cara tenía
una luna creciente y una estrella hechas con diamantes falsos,
en la otra unas elaboradas iniciales ilegibles, y dos fotografías
antiguas en el interior. A alguien le debe haber hecho muchí-
sima falta, pero nadie lo reclamó y yo todavía lo conservo. En
otra ocasión, viajando por un río en uno de los últimos reduc-
tos de naturaleza virgen que quedan, un lugar del tamaño de
Portugal por el que no pasa ni una ruta, perdí una media al
principio del viaje y unas gafas de sol más tarde, y me las imagi-
no ensuciando aquella naturaleza virgen tan vacía de esa clase
de desperdicios, todavía ahí tiradas o en manos de alguien que
se las encontró y que quizá sintió la misma curiosidad que sentí
yo por la dueña del medallón. En ese viaje me pasé horas aso-
mada por el borde de la balsa, con los ojos clavados en el fondo
de aquel río cuyo nombre no sabe casi nadie y que desemboca
en otro río apenas conocido, observando los miles de piedras,
los cientos de miles de millones de piedras que pasaban, grises,
rosas, negras, doradas, bajo el agua más cristalina del mundo,

flotando durante kilómetros y días en un agua que bebía directamente del río. Los objetos materiales lo presencian todo y no dicen nada. Los animales dicen más. Y están desapareciendo.

Una cosa es que las cosas se pierdan porque escapan a nuestro conocimiento, que no sepamos dónde estamos o dónde están; otra cosa es que las cosas se pierdan porque desaparecen del planeta. Hoy en día se da una intersección extraña entre la realidad y nuestro conocimiento de ella. Los biólogos calculan que se conocen aproximadamente 1,7 millones de especies pero que en el planeta existen entre 10 y 100 millones. El descubrimiento y la clasificación de especies aumentan a un ritmo frenético, pero lo mismo sucede con la desaparición, tanto de las especies que se conocen como de las que no. Nuestro conocimiento aumenta; nos queda menos por conocer; perdemos tanto lo que conocemos como lo que no. No hay duda de que hay especies que están desapareciendo sin que la ciencia haya llegado a conocerlas. Al pensar en esto, una se imagina que el espacio de dentro de nuestras cabezas se expande pero lo que está fuera se encoge, como si estuviéramos literalmente devorándolo.

En sueños he sido un águila y un pinzón verde, he visto un coyote con tres cabezas, lobos, zorros, linces, perros, leones, pájaros cantores, peces, serpientes, reses, focas, muchos caballos y gatos (algunos parlantes), una mujer dando a luz por cesárea a un ciervo adulto que, todavía cubierto de los fluidos del parto, se alejó corriendo por un camino oscuro envuelto en un túnel de árboles, una cría de gacela amamantada por una mujer, un oso pardo que se casó con una humana. «En cierto sentido, todos son bestias de carga —dijo una vez Thoreau sobre los animales— aptas para transportar una parte de nuestros pensamientos».[2] Los animales son el lenguaje antiguo de

---

2 Se cita traducción de Marcos Nava García de Henry David Thoreau, *Walden*, Madrid, Errata Naturae, 2013, p. 237.

la imaginación; una de las diez mil tragedias derivadas de su desaparición sería el silenciamiento de ese lenguaje. Un hombre me dijo una vez que gran parte de lo que escribo tiene que ver con la pérdida, que así es como concibo el mundo, y estuve mucho tiempo pensando en esa observación. En ese sentido del perder, confluyen dos corrientes. Una es el ansia del historiador que quisiera aferrarlo todo, anotarlo todo, intentar que nada se escape, y su alegría cuando logra recuperar, en archivos o mediante entrevistas, lo que había quedado casi olvidado, casi inaccesible para siempre. Pero la otra corriente es la experiencia común a todos de que actualmente están desapareciendo demasiadas cosas que no se pueden reemplazar. En todo momento hay algún punto del planeta en el que se está poniendo el sol, en el que un día más se está desvaneciendo sin que quede casi constancia de él y la gente se está sumiendo en sueños que rara vez recordará al despertar. La pérdida solo es sostenible, solo es natural, si sigue habiendo abundancia. Habrá más amaneceres, pero hasta los sueños podrían agotarse.

La edad de oro, el tiempo de los sueños, es el presente, y ahora hay demasiadas cosas en él que se están desvaneciendo. El reloj que fue marcando el tiempo que faltaba para el cambio de milenio en Times Square, con aquella pantalla digital en la que los segundos, minutos, horas y días iban bajando rápidamente, se podría haber instalado para las especies amenazadas, para las treinta que desaparecen al día como mínimo, las más de diez mil al año, la mitad del total que habrá desaparecido de aquí a un siglo a menos que algo, o todo, cambie radicalmente. El presente se puede imaginar ya como un arca de Noé, y la avaricia, el crecimiento y la contaminación son tres piratas que están tirando a los animales y plantas por la borda hasta el fondo del mar que es el pasado. En el siglo pasado ya no quedaban bandadas de palomas migratorias que oscurecieran los cielos de la región central del país durante horas y días; en 1940 habían desaparecido de los ríos de esa misma zona todos los mejillones perlados de Sampson que se conocían; no ha habido gorriones cantores de Santa Bárbara desde 1959, ni peces cachorritos de Tecopa desde 1972; se calcula que en los Estados Unidos quedaban unos 142 berrendos de Sonora hacia fines del siglo XX pero menos de la mitad de esa cifra en 2002; han desaparecido 72 especies de caracol en Hawái; la lucioperca azul de los Grandes Lagos se extinguió por la misma época en que el hombre caminó sobre la Luna por primera vez; el cormorán de anteojos desapareció de Alaska alrededor de los tiempos de la fiebre del oro.

Durante esa fiebre del oro en California hubo una gran cantidad de gente del noreste del país que atravesó por primera vez el corazón del territorio de las tortugas del desierto. El grupo conocido como los *forty-niners*, «los del 49 del valle de la Muerte», tenía apuro por llegar a los yacimientos de oro de Sierra Nevada y, como alcanzaron la Gran Cuenca demasiado tarde como para cruzar la cordillera por los pasos nevados, contrataron a un guía mormón para que los llevara al sur de California por el Sendero Español. Se hacían llamar la Compañía de Caminantes por la Arena, una deformación de la pronunciación de la Compañía de San Joaquín,[3] ya que ninguno reconoció el nombre español del santo con que habían sido bautizados un río y un valle situados en la parte sur de la veta madre. Por el camino apareció un neoyorquino de veinte años llamado O. K. Smith que les contó atrayentes historias sobre una ruta más directa hacia el centro de California, así que la mayoría de los carromatos se desviaron hacia el supuesto atajo mientras el guía continuaba por el Sendero Español con los pocos que no cambiaron de rumbo. Los que se desviaron lo hicieron alentados por un mapa dibujado por el explorador del gobierno John C. Frémont —«el Pionero»— que

3 La pronunciación inglesa de «San Joaquín» suena parecida a la de *sand walking*, «caminar por la arena» [N. de la T.].

mostraba una larga cordillera que se extendía de este a oeste y que resultó no existir (los problemas para avanzar que tuvieron los miembros de la expedición Donner de 1846 también tuvieron mucho que ver con un mapa equivocado). «Estas montañas no han sido exploradas y solo se han divisado desde puntos elevados de la ruta norte de exploración», decía en el mapa, encima de un territorio marcado como «Inexplorado» en letras más grandes. Los Caminantes de la Arena pensaron que podrían avanzar por las estribaciones de aquella cordillera ficticia. Muchos emprendieron la vuelta cuando el terreno se volvió impracticable para los carromatos, y el resto se dividió en grupos más pequeños. Estos grupos se quedaron varados en el valle de la Muerte, el terreno con la menor altitud de todo el hemisferio occidental, el fondo de un lago seco que es como una boca vacía entre dos escarpadas cadenas montañosas.

«Llevábamos el tiempo suficiente en la región para saber que donde más agua había era en las montañas y que en los valles el agua era de mala calidad o inexistente, de modo que, aunque las zonas de baja altitud del sur nos daban ciertas esperanzas de que el avance sería más fácil, no nos daban ninguna de encontrar agua ni pastos, sin los cuales sin duda pereceríamos —escribió William Manly medio siglo más tarde—. En cierto modo estábamos perdidos. La salida y la puesta del sol nos permitían orientarnos durante el día y en las noches despejadas, pero en el vasto dominio de la naturaleza no se había visto ni rastro de vida en al menos un mes. Un bolsillo lleno de munición le habría durado a un buen cazador hasta que se muriera de hambre, pues no había nada con vida, ni grande ni pequeño, a lo que disparar».[4] Manly era un hábil cazador acostumbrado a la vida al aire libre, y no hay ninguna

---

4 William Manly, en su obra autobiográfica *Death Valley in 49*, Bishop, Chalfant Press, 1977.

explicación inmediata para la aparente ausencia de animales salvajes en el paisaje que atravesó en el invierno de 1849-1850. Para estos pioneros, el Mojave era un territorio desierto, sin agua, sin animales, sin nombres, sin mapas, sin todo aquello que llena de vida y de significado un lugar. Tenían miedo de los indígenas, aunque los dos únicos sobrevivientes de un grupo de once hombres se salvaron gracias a que los rescataron los paiutes. Los esqueletos de los otros nueve se encontraron diez años más tarde, dentro de un círculo de piedras. Otros grupos pudieron llegar a los preciados abrevaderos, manantiales y riachuelos gracias a las indicaciones de los indígenas con los que se encontraron. Colón había llegado a las tierras del Caribe que confundió con las Indias casi cuatrocientos años antes, pero los indígenas de las remotas regiones del oeste habían recibido pocas intrusiones directas y todavía no habían empezado a resistirse a lo que aún no era una crisis.

Un pionero famélico intentó comprarle una galleta a otro por diez dólares y su oferta fue rechazada. Otro enterró dos mil quinientos dólares para aligerar su carga, ya que no encontró a nadie que quisiera llevarle las monedas de oro a cambio de quedarse con la mitad. Tampoco fue capaz de volver a encontrar el lugar donde había enterrado el dinero. Otros encontraron menas que sugerían la presencia de ricos yacimientos, pero en un lugar donde no tenían comida ni agua para sobrevivir. La Mina Perdida de la Mira, así nombrada porque uno de los del 49 del valle de la Muerte fabricó una mira para un arma con un trozo de mineral rico en plata, se hizo famosa, al igual que la Mina Perdida de Goller, el lugar donde encontró unas pepitas el acompañante de John Goller, quien al verlas le espetó: «Yo lo que quiero es agua, el oro no me sirve para nada». Las propias minas se convirtieron en leyendas que más adelante otros buscarían en vano, leyendas fabricadas a partir de los escasos minerales que sacaron de allí aquellos hombres desesperados. Fue una estancia extraña la que les deparó aquel viaje por un territorio donde todas sus esperanzas de encontrar riquezas minerales quedaron relegadas, donde la riqueza no significaba nada y el agua lo era todo, donde se enfrentaron a decisiones críticas sobre el compartir y sobre la supervivencia, donde todos se las vieron con la muerte y algunos no consiguieron vencerla. Tomaron un desvío hacia la introspección y lo esencial, como el que a menudo proporciona el desierto, y ahí se perdieron.

El pueblo nómada chemehuevi se orientaba por aquellas grandes extensiones de terreno árido por medio de canciones. Las canciones contenían los nombres de los lugares en orden geográfico, y eran nombres descriptivos, evocadores, de manera que alguien que nunca hubiera estado en aquellos lugares podía reconocerlos por la canción. Carobeth Laird observó: «Cuando se canta una canción hoy en día, contiene saltos enormes entre un lugar y otro, ya que no hay nadie que recuerde la ruta completa». A continuación explicaba que la pregunta «¿Cómo dice esa canción?» significaba «¿Cuál es la ruta que recorre?». Un hombre heredaba canciones de su padre o de su abuelo y la canción le daba el derecho a cazar en el territorio que describía. Pese a la experiencia de Manly, parece que había muchos animales que cazar si uno sabía dónde y cuándo buscarlos. La Canción de la Sal describe la ruta que sigue una bandada de aves terrestres en la que están representadas todas las especies de la región. La bandada «viaja durante toda la noche, llega a Las Vegas en torno a la medianoche, a Parker de madrugada y de nuevo al punto de partida antes del amanecer. Si la noche en que se canta es muy breve, la Canción de la Sal (igual que las demás canciones hereditarias) se puede acortar para que no dure más que la noche». En esa canción, las aves empezaban a abandonar la bandada de madrugada y cada una se iba retirando a su sitio en aquel mundo ordenado de palabras y lugares. La canción duraba lo mismo que la noche y era un mapa del mundo, y el árido territorio de alrededor de Las Vegas era la tierra impregnada de historias de los grandes mitos. El pueblo mojave, justo al sur de ahí, tenía una Canción de la Tortuga que también duraba una o varias noches.

El silencio en el que Manly y un compañero salieron caminando del valle de la Muerte en busca de ayuda para las dos familias allí varadas establece un extraño contraste. Solo llevaban unas cantimploras pequeñas y enseguida se les terminó el agua, así que siguieron «andando durante horas, sin decir ni una palabra, pues comprobamos que era mucho mejor para la sed mantener la boca cerrada el mayor tiempo posible y evitar la evaporación». Tenían la boca tan reseca que fueron incapaces de comerse la carne de buey disecada que llevaban, y cuando por fin encontraron un pequeño trozo de hielo parecido al «cristal de una ventana» pudieron calmar la sed, pero entonces se dieron cuenta de que estaban famélicos. A Manly y su acompañante les llevó veintitrés días encontrar ayuda y regresar con víveres y con una ruta para salir del valle. Para entonces, sus compañeros de viaje habían perdido la esperanza en las capacidades y en el altruismo de los dos jóvenes, así que al verlos regresar se llevaron una sorpresa además de una alegría. El grupo entero llegó por fin a un lugar poblado cuatro meses después de haber tomado el atajo. Más tarde regresaron al mundo cartografiado y a la forma de vida a la que estaban acostumbrados: «Todos los detalles de aquel terrible viaje han quedado grabados en mi memoria de forma indeleble, y todavía hoy, a mis setenta y tres años en este 6 de abril de 1893, puedo señalar la ubicación de todos los campamentos y, si tuviera fuerzas suficientes, podría seguir aquel fatigoso camino del valle de la Muerte a Los Ángeles con absoluta precisión», escribió Manly en su obra autobiográfica *Death Valley in 49*. Fueron sus compañeros de viaje quienes bautizaron el lugar en el que se quedaron varados como «el valle de la Muerte».

Yo conozco esa tierra impregnada de historias, o el territorio que queda ligeramente al norte de ella. Es el primer desierto que llegué a conocer bien y el lugar que me enseñó a escribir. Cuando ya me acercaba a los treinta empecé a ir al

Emplazamiento de Pruebas de Nevada, el lugar que fue escenario de la explosión de mil bombas nucleares a lo largo de los
años, a protestar contra los ensayos nucleares junto con miles
de personas más, una inusitada mezcla de shoshones occidentales, paganos, mormones, franciscanos, budistas, anarquistas
y cuáqueros. Aquel lugar no se podía describir linealmente con
un único relato, sino que requería de muchos relatos que fueran como las rutas que convergen en una capital, ya que habían
tenido lugar muchas historias desde las décadas transcurridas
desde el paso de los del 49 por el valle de la Muerte, y muchas
de ellas no habían sido olvidadas aún. Las personas que conocí ahí me invitaron a adoptar una concepción más amplia del
hogar, que abarcara el oeste, y una tortuga que recogí no muy
lejos de ahí me sacaría de mi antiguo hogar, una tortuga que
quizá fuera la propia isla de la Tortuga, el antiguo nombre de
toda Norteamérica, como si el continente entero pudiera ser
mi hogar. Quizá fue ese nuevo sentido del lugar lo que me sacó
de la casa que había dejado un cuarto de siglo antes.

A seis o siete cuadras al noroeste de donde vivo ahora se
encuentra la colina donde se capturó el último sátiro pardo
en la década de 1870, cuando aquella especie de mariposa
tan profundamente ligada a este lugar se estaba extinguien-
do. Algunos de los individuos que participaron de la fiebre del
oro pueden caernos simpáticos, pero el efecto acumulativo de
sus actos fue terrible. Trabajaron febrilmente para hacerse con
bienes que se podían acumular —en concreto, las toneladas de
oro extraídas de las montañas— y los pagaron con bienes que
no se podían acumular y que no eran suyos: los ríos y arroyos
cristalinos que los mineros llenaron de tierra y mercurio, los
salmones cuyas cifras empezaron a disminuir ya por aquel entonces, los bosques que se talaron para construir fundiciones,
el oso *grizzly* de California que en 1922 ya solo sobrevivía en
la bandera del estado, las lenguas e historias de las tribus arra-
sadas por la violencia y las enfermedades en aquel territorio
que los mineros consideraban vacío y virgen. Fue esta codicia,

y las nuevas y cada vez más sofisticadas tecnologías de las que se servía, lo que llevó a que se extrajeran cada vez más recursos de los lugares salvajes y remotos del planeta hasta vaciarlos, y a que se llenaran bancos con más dinero del que se podría gastar jamás, más dinero del que cuesta todo lo que se podría comprar. Ahora la escasez es real y cada vez mayor.

No es tan simple como un cuento con una moraleja, porque lo que nació de todo aquello tiene su parte de belleza y presenta sus propias complejidades. En la colina donde dejó de existir la mariposa hay una universidad católica, y en ella he escuchado lecturas de grandes poetas y charlas de ecologistas. En sentido contrario y más o menos al doble de distancia de la jaulita blanca que es mi departamento está el Centro Zen de San Francisco, uno de los lugares claves en la introducción del budismo en Occidente. El precioso edificio de ladrillo, situado en un barrio pobre, fue construido hace mucho tiempo como residencia para mujeres judías, y en los balcones de hierro forjado aún se conservan unas cuantas estrellas de David. Una mañana, cuatro meses después de ese día de mediados de verano en que soñé con la tortuga, me desperté sabiendo que había llegado la hora de ir a visitarlo. Llegué a tiempo para asistir a la charla del sábado por la mañana y me senté detrás de un hombre afroamericano muy corpulento. El altar quedaba a la vista cuando el hombre cambiaba de posición, y el que solo pudiera atisbarse lo hacía aún más interesante. Ese día alguien mencionó que el Buda de piedra del altar era de un Afganistán que hacía tiempo que había dejado de existir. Yo acababa de donar a los cuáqueros las dos mantas de lana que había heredado de aquella casa que salía en mis sueños, para que fueran enviadas a Afganistán como ayuda durante el invierno. La estatua, con su cara redonda y serena, parecía mirarnos desde el lugar al que iban a viajar las mantas. La piedra blanda rojiza sugería una aridez y una firmeza que hacían sentir aquel lugar como algo real, que me hacían visualizar montañas de piedra en las que la erosión había formado pliegues como los de la túnica de la estatua.

Un hombre enjuto con el pelo canoso y muy corto se sentó con las piernas cruzadas, se colocó los hábitos, de color oscuro, y, sin ningún preámbulo, empezó a contar una historia, con voz queda, despacio, haciendo largas pausas: «Buenos días. Durante muchos años recibimos las visitas de una persona que venía a vendernos cajas de bombones. Las cajas eran de metal y los bombones eran de caramelo cubierto de chocolate y parecían pequeñas tortugas de chocolate, así que le decíamos el Hombre Tortuga. El Hombre Tortuga venía y nos vendía esos bombones dulcísimos de chocolate y caramelo. Y el Hombre Tortuga no veía. Era ciego, así que le comprábamos dos cajas en lugar de una. Después dejábamos los bombones en la mesa del despacho y, aunque a todos nos parecían demasiado dulces, nos los comíamos, y bien rápido. El Hombre Tortuga siguió viniendo por muchos años. Llevaba un bastón blanco, como muchos ciegos, y lo usaba para ir dando golpecitos en las escaleras al subir y después para llamar a la puerta. A continuación entraba, hacíamos la transacción y se iba.

»Un día yo estaba en la calle, justo aquí enfrente, y oí una voz que decía: "Ayuda... Ayuda... Ayuda...". Era el Hombre Tortuga y estaba ahí parado, en la esquina. Tenía que cruzar la calle y su forma de hacerlo era pararse en la vereda y decir "ayuda", nada más, decir "ayuda" hasta que venía alguien y lo ayudaba a cruzar. No me puse a mirarlo, pero supongo que así era como el Hombre Tortuga sorteaba todos los cruces, parándose y diciendo: "Ayuda, ayuda".

»Así que pensé: ¡qué cosa tan increíble! Qué vida tan increíble. Vas caminando, encuentras un obstáculo y entonces te paras y simplemente pides ayuda. No sabes a quién te estás dirigiendo, no sabes quién hay a tu alrededor o si hay alguien siquiera, y te quedas esperando, y entonces aparece alguien y te ayuda a superar ese obstáculo, y después sigues caminando, sabiendo que pronto te vas a encontrar con otro y vas a tener que volver a pararte y gritar: "Ayuda, ayuda, ayuda", sin saber si hay alguien ahí, sin saber quién se va a girar para ayudarte a superar el siguiente obstáculo.

»Pese a todo, de alguna manera el Hombre Tortuga era capaz de recorrer la ciudad vendiendo bombones con forma de tortuga, de venir a lugares como el Centro Zen y convencer a la gente de que le comprara un par de cajas.

»Y, bueno, la verdad es que era un poco estafador. Sabía que en realidad no queríamos los bombones, pero sabía que nos iba a vender dos cajas. El Hombre Tortuga no era tonto. Uno siempre sentía cierta emoción al verlo. Era casi como un milagro. Era como si el Hombre Tortuga desafiara la gravedad, el sentido común, las convenciones. Era como si fuera un superhéroe, así que verlo aparecer en la puerta siempre te provocaba cierta emoción y cierta alegría.

»¿Cómo podríamos romper los maleficios que nos detienen si no tuviéramos un poquito del Hombre Tortuga dentro de nosotros? Pero esa es una proposición muy peligrosa, ya que la mayoría de nosotros no hemos tenido el magnífico entrenamiento que ha tenido el Hombre Tortuga. El Hombre Tortuga no tenía otra opción. Podía quedarse en la cama o podía levantarse, ir a encontrarse con el obstáculo infranqueable y pedir ayuda. Esas eran las opciones.

»Si yo realmente prestara atención a mi vida, quizá me daría cuenta de que no sé lo que va a ocurrir esta tarde y no puedo tener la absoluta seguridad de que vaya a ser capaz de manejar aquello que ocurra. Quizá estamos dispuestos a contemplar esa idea. Tiene un componente racional: no tengo la certeza, pero lo más probable, lo más seguro, es que lo que ocurra no sea muy diferente de otras cosas que he experimentado regularmente y que sabré manejarlo sin problemas, de manera que suprimimos esa incómoda posibilidad con una respuesta racional. La práctica de la conciencia plena nos sitúa por debajo de esa racionalidad con la que querríamos pensar que vivimos nuestras vidas, y entonces empezamos a ver algo absolutamente fascinante, que es el drama de nuestro diálogo interno, de las historias que nos pasan por la mente y los sentimientos que nos pasan por el corazón, y empezamos a ver que ese territorio no está tan limpio y ordenado y, por qué no decirlo, que no es un lugar tan seguro ni tan racional. De modo que, al practicar la conciencia plena, algo que se lleva haciendo siglos, milenios, los seres humanos se han preguntado: "Ummm, ¿cómo llevo adelante este proceso sin pasar demasiado miedo por lo que pueda desencadenar ni ponerme demasiado cómodo al evitar enfrentarme a ello? Esa es la delicada tarea de la conciencia.

»Oyes un ruido y piensas: "Eso es un camión que dobla la esquina". Todo ocurre en medio segundo. Vemos a una persona y nos inventamos una historia acerca de quién es, y a veces las historias que nos inventamos al construir nuestro mundo nos traen muchos problemas. La práctica de la conciencia no te dice que no construyas tu mundo. Es lo que estamos programados para hacer; pensar "camión" al oír ese ruido no es un acto voluntario. Lo que dice la práctica de la conciencia es que no te aferres demasiado a eso, que no te convenzas. Y cuando se adopta esa forma más simple de ser, no pasa nada si nos volvemos como el Hombre Tortuga, si vivimos de vez en cuando la experiencia de no saber qué hacer a continuación, si nos encontramos con un obstáculo. No pasa nada si reconocemos que en la vida hay algo de misterio, que hay un componente de incertidumbre, no pasa nada si reconocemos que necesitamos ayuda, que pedir ayuda es un acto de una gran generosidad porque permite a los demás ayudarnos y nos permite a nosotros mismos ser ayudados. Unas veces pedimos ayuda, otras veces ofrecemos ayuda, y entonces este mundo hostil se transforma en un lugar muy diferente. En un lugar así, en el que hay ayuda que se da y que se recibe, ese "mundo según yo" tan constrictivo e inflexible se vuelve menos apremiante y acuciante. En un mundo generoso, en un mundo donde tengo ayuda a mi disposición, no es necesario aferrarse tanto al "mundo según yo"».[5]

---

5   Esta charla en el Centro Zen de San Francisco fue ofrecida por el abad Paul Haller.

Unos meses más tarde, estaba de campamento en la vertiente oriental de Sierra Nevada, en un bosque de pinos de Jeffrey que crecían muy separados unos de otros en la arena clara, hablando de cómo los gigantescos sistemas de raíces extraían la poca humedad que había en aquel árido terreno. Las piñas formaban círculos perfectos bajo los árboles al caer y el lugar casi parecía geométricamente puro: la llanura de arena volcánica, los pinos altos y rectos, los oscuros círculos de piñas. Durante el día, con el calor, la corteza de esos árboles despide un aroma como a vainilla y caramelo, una fragancia dulce que se sumaba a la paz de aquel lugar en el que una tenía la sensación de que no había nada más en el mundo, como si los árboles llegaran hasta el infinito, como si el tiempo, la historia, las obligaciones hubieran desaparecido del mapa. Dormimos en los coches una noche de mucho frío, tanto que a la mañana siguiente vimos que el agua de la olla donde lavábamos los platos se había congelado. Habíamos acampado ahí el año anterior, y esa vez se me había quedado el coche atascado en la arena, a varios kilómetros de la ruta asfaltada. Había sido encantador ver que podía contar con mis compañeros de viaje, que me sacaron con buen humor y sin aspavientos. Esa noche helada soñé que había metido el coche en el jardín de la casa de mi infancia y que había vuelto a quedarse atascado, pero ahora el jardín y la casa eran de otra persona, una mujer asiática de mediana edad que había agregado un segundo piso a la vivienda. Ahora era su casa. Yo no entraba y mis amigos venían a sacar el coche.

Y entonces, cuando me estaba preparando para escribir este capítulo, volví a soñar con la casa, otra vez desde el exterior. Estábamos enterrando los corazones de mi padre y mi abuela junto a unas tumbas hechas con piedras que parecían unas excrecencias ornamentales surgidas junto a la piscina. Esta vez la piscina tenía tierra oscura en el fondo; sus lados ya no eran rectos, sino ondulados, y tenían incrustadas unas piedras de gran tamaño. Se estaba convirtiendo en un estanque. Los corazones, de color oscuro, habían estado guardados en mi heladera, en una de esas bolsas transparentes para alimentos, como si fueran carne comprada en la carnicería. Un sueño no tiene que explicar cuánto tiempo llevaban ahí. ¿Cuál era más grande?, me preguntaba yo en el sueño, y ¿el tamaño era indicativo de la bondad, del tamaño del cuerpo o de un problema de salud que había provocado su dilatación? Los dos murieron por afecciones cardíacas. Y a través de un agujero que había en la madera de la alta valla del fondo (y había un agujero de verdad del que ya no me acordaba, que en la vida real daba al accidentado terreno cubierto de pastos de un pequeño rancho de caballos cuarto de milla) vi pasar unos camiones de carga de caballos a toda velocidad, seguidos de caballos galopantes, más rápidos y brillantes que nunca, rebosantes de poderío y de vida.

Unos meses más tarde, pasé unas semanas escribiendo en el suburbio en el que crecí; no en la franja residencial en cuyo extremo norte estaba aquella casa, sino en la zona más agreste, la del oeste, cubierta en su mayor parte por prados y tambos. Los gansos se dirigían al sur y las manzanas estaban maduras en los árboles, y un día fui a ver aves por la zona con un naturalista llamado Rich. Mientras observábamos un par de elanios maroneros en el árbol en el que suelen posarse, mencionó que la especie se había dado por extinta pero que ahora se encontraba en tan buenas condiciones que su nicho ecológico y su área de distribución se estaban ampliando. Salvo por las franjas negras de las alas, las aves tenían casi todo el cuerpo de un blanco tan resplandeciente como el de algunas palomas, aunque su silueta poseía la misma ferocidad concentrada que la de los halcones. Hay gente que los llama halcones angelicales. Fuimos parando y vimos decenas de aves acuáticas y costeras, un martín pescador, garzas verdes medio escondidas entre los juncos (una de ellas engullendo una libélula azul que bajó por esa garganta larga y estrecha sin dejar de zumbar), pájaros cantores y, más tarde, una tortuga que se asomó sobre el agua quieta de la represa de un viejo molino. Su cabeza ladeada y de perfil y su reflejo en el agua formaban una extraña figura con forma de V desde la que nos miraban dos ojos dorados. Visitamos distintos sitios en las cercanías de la ruta y, a través de la mirada y las historias de aquel guía, vi un lugar completamente diferente de aquel al que llevaba volviendo casi toda mi vida. El mío estaba hecho de plantas, accidentes geográficos, luz y unas cuantas historias humanas. El suyo estaba lleno de animales que vivían sus vidas, cada uno según un patrón, y todos los patrones estaban entretejidos formando un tapiz de una extraordinaria complejidad.

Algunas ideas son nuevas, pero la mayoría no hacen más que reconocer aquello que ya estaba ahí desde el principio, el misterio en medio de la habitación, el secreto en el espejo. A veces una idea inesperada se convierte en el puente que te permite atravesar el territorio de lo conocido por un camino que nunca habías seguido. Está la historia del mundo de la que hablamos siempre, la de la intrusión que no deja de agravarse y que provoca sin cesar la desaparición de especies. Rich contó una historia diferente: quienes llegaron a esta zona tras la fiebre del oro se dedicaron durante unos cien años a dispararle a todo lo que se movía, pero ese período terminó hace medio siglo y por eso, dijo, al menos en Norteamérica, muchas especies han regresado. En este condado con tantos kilómetros de espacios abiertos, me contó, hasta los coyotes se habían extinguido. Me di cuenta de que las colinas por las que deambulaba yo de chica habían estado desiertas y silenciosas en comparación con su estado actual. Fue extraño pensar en lo que había sido mi paraíso y mi refugio como un paisaje empobrecido, y eso que hacía mucho que era consciente de que ni siquiera el pasto que crecía ahí era autóctono.

Muchos de los animales más comunes —ciervos, alces, osos, coyotes, pumas— están volviendo en todo el subcontinente, una noticia que no ha recibido demasiada atención. Muchas de las aves amenazadas por el DDT hace cuatro o cinco décadas, como los halcones peregrinos, águilas como las pescadoras y otras especies, también han regresado. Pero en este condado han ocurrido más cosas. En el tercer cuarto del siglo XIX, la caza del uapití de California supuso que la especie se extinguiera por completo en esta costa y que apenas quedaran unos pocos ejemplares en todo su hábitat californiano. Estos supervivientes fueron descubiertos en 1874 en un pantano en San Joaquín, el valle que los del 49 del valle de la Muerte habían llamado del Caminar por la Arena. Quienes los descubrieron estaban drenando el pantano para la explotación agrícola del terreno. En el siglo XX comenzaron a hacerse serios esfuerzos para salvar la especie, y el año en que yo me fui de casa y del condado se reintrodujeron diez ejemplares en esta costa. Desde entonces se han multiplicado hasta llegar a ser varios centenares y hoy están a salvo como especie.

Aunque ya sabía lo de los uapitíes, escuchando a Rich empecé a ver un panorama que no había visto antes, el de todos los animales que habían estado a las puertas de la extinción y que después habían regresado a este lugar. Los elefantes marinos estuvieron ausentes de este tramo del litoral durante ciento cincuenta años y, con la excepción de un sitio en Baja California, en 1890 habían desaparecido de todas sus zonas de cría y su número había descendido hasta rondar el millar de ejemplares. Cuatro años después de que volvieran los uapitíes se avistó la primera pareja reproductora en esta zona. Ahora, veinte años más tarde, unos dos mil elefantes marinos acuden cada invierno a la playa más recóndita del condado a pelearse, tumbarse al sol o dar a luz a sus crías, y el número total de ejemplares en el mundo ronda los ciento cincuenta mil. Los pelícanos pardos y las garcetas crestadas han vuelto de los umbrales de la extinción, al igual que otras aves acuáticas, y hoy en día en este lugar se puede encontrar casi la mitad del total de aves norteamericanas al menos parte del tiempo, hasta doscientas especies a la vez. La zona también cuenta con unas cuantas subespecies únicas, que han evolucionado aisladas a lo largo de decenas de miles de años, y más de una veintena de especies amenazadas y en peligro de extinción, incluido el salmón coho que lleva a cabo el desove en los riachuelos de la zona. A esos también los había visto, a las hembras doradas y los machos de color rubí, avanzando contra la corriente por el agua poco profunda al atardecer de los lloviznosos días de mediados de invierno.

Después de ese día, en la casa donde estaba parando encontré un libro que describía cómo los terrenos en los que habían prosperado estos animales se habían protegido de los emprendimientos inmobiliarios, y en el índice encontré el nombre de mi padre. Nos volvimos a vivir a California cuando lo contrataron para elaborar el plan urbanístico del condado, y durante los cinco años siguientes trabajó en un documento que impide que se edifique en la mayor parte de la zona occidental, en aquellos terrenos que no estaban ya bajo protección estatal, federal o de organizaciones dedicadas a la conservación del territorio. El impulso de proteger estas zonas surgió en primer lugar de la ciudadanía. Fue el apoyo de los ciudadanos lo que hizo posible que los profesionales consiguieran que se aprobara su plan, pero fueron los urbanistas quienes redactaron las normas que regirían esa protección y quienes se llevaron gran parte de las críticas. El libro mencionaba «un plan revolucionario para todo el condado de Marin, que utilizó el método de "proyectar con la naturaleza" para preservar los extraordinarios paisajes de Marin y evitar que las ciudades del condado crecieran descontroladamente hasta ocupar todo el territorio». Todavía tengo una copia del plan medioambiental, cuyo título, tomado de un poema de Lew Welch que aparecía citado en la guarda («Este es el último lugar. / No queda adónde ir»), era *¿Puede durar el último lugar?* Hasta ahora ha durado. No puede decirse lo mismo de Welch: se adentró en una zona remota de Sierra Nevada en 1971 y no se encontraron más rastros de él.

El plan «fue sometido a cincuenta y siete audiencias públicas y se adoptó en 1973 (...). Fue concebido por los talentosos urbanistas Paul Zucker y Al Solnit. Más tarde Zucker perdió su trabajo tras una candidatura fallida al gobierno del condado y Solnit fue objeto de duros ataques por parte de los constructores y de medios de comunicación hostiles. Sin embargo, el plan fue bien recibido por la ciudadanía y ha prevalecido durante más de veinticinco años con modificaciones mínimas».[6] Una vez, cuando yo tenía unos nueve años, mi padre volvió tarde a casa una noche de verano y encontró un vaso de leche chocolatada que había quedado en la mesa de la cocina y se había echado a perder. Le enfurecía que se desperdiciaran las cosas y, como yo era quien solía beber chocolatada, irrumpió en mi habitación mientras dormía, encendió la luz y me tiró el contenido del vaso a la cara, de modo que me desperté empapada y con un gigante dando gritos encima de mi cabeza. (Que la chocolatada fuera de uno de mis hermanos es un mero detalle; aquel era un universo muy aleatorio). Al leer lo que se contaba en aquel libro, me di cuenta de que donde había estado mi padre antes de volver a casa aquella noche había sido una de esas hostiles reuniones en las que se estaba decidiendo el destino de este lugar.

La casa era un lugar pequeño dentro de uno mayor, o una historia pequeña dentro de una mayor. Podemos imaginarnos las historias metidas unas dentro de otras, como muñecas rusas, de modo que en aquella casa estaban ocurriendo cosas terribles pero iban ligadas al acto de salvación que estaba teniendo lugar a una escala mayor, en el condado, y que en parte era una reacción a la devastación que estaba teniendo lugar en todo el país y en todo el mundo. Aunque me había ido de esa casa para siempre un cuarto de siglo antes y acababa de salir de ella en mis sueños a lo largo del año anterior, el condado era un lugar al que había elegido volver una y otra vez, y al hacerlo en esta ocasión había visto aquellas historias unas dentro

---

6 El libro en el que se mencionaba a mi padre era *Saving the Marin-Sonoma Coast*, de L. Martin Griffin, publicado en 1998.

de otras, así como algunos de los animales que habían regresado. Unos días antes del día de los halcones angelicales volví a ir a ver a los uapitíes. La mayoría viven en la península más remota de este lugar remoto, una lengua de tierra que parece un dedo que señala al norte, separados del resto del mundo por una alambrada circular de tres metros de alto que atraviesa el nudillo del dedo, una península en cuya punta me había dado cuenta de que el fin del mundo podía ser un lugar además de un momento. Estaban echados tranquilamente entre los pastos y los arbustos de lupino de forma abovedada, en rebaños de hembras acompañadas de algún macho y rebaños de machos jóvenes que se pusieron de pie al oír que me acercaba y cuyas astas parecieron un bosque levantándose del suelo. El fin del mundo era un lugar azotado por el viento pero tranquilo, con cormoranes negros y estrellas de mar rojas en las oscuras rocas bañadas por las olas al pie de una pendiente de arena y con el mar detrás, que se extendía hasta muy lejos y desde ahí hasta más lejos todavía.

Fuentes

La puerta abierta

Benjamin, Walter, «A Berlin Chronicle», *Reflections: Essays, Aphorisms, Autobiographical Writings* (ed. de Peter Demetz), Nueva York, Schocken, 1986. (Existe traducción al español: *Infancia en Berlín hacia 1900*, Madrid, Alfaguara, 1982).

De Angulo, Jaime, *A Jaime de Angulo Reader* (ed. de Bob Callahan), Berkeley, Turtle Island Press, 1979.

Keats, John, *The Complete Poetical Works and Letters of John Keats, Cambridge Edition*, Boston, Houghton, Mifflin and Company, 1899. (Existe traducción al español: *Cartas*, Barcelona, Juventud, 1994).

Lee, Dorothy, *Freedom and Culture*, Jersey, Prentice-Hall, 1959.

Platón, *Apología de Sócrates; Menón; Crátilo*, Madrid, Alianza, 2014.

Poe, Edgar Allan, «The Daguerreotype» [1840], en Jane M. Rabb, *Literature and Photography: Interactions 1840-1990*, Albuquerque, University of New Mexico Press, 1995, p. 5.

Thoreau, Henry David, *Walden; or, Life in the Woods*, Boston, Ticknor & Fields, 1854. (Existe traducción al español: *Walden*, Madrid, Errata Naturae, 2013).

Tremain, Kerry, «A Faith in Words», en *California Monthly*, Berkeley, University of California, septiembre de 2004.

Woolf, Virginia, *Street Haunting: A London Adventure*, San Francisco, Westgate Press, 1930. (Existe traducción al español: «Merodeo callejero: una aventura londinense», *La muerte de la polilla y otros ensayos*, Buenos Aires, La Bestia Equilátera, 2012).

El azul de la distancia

Bosse, Henry, *Mississippi Blue: The Photographs of Henry P. Bosse*, Santa Fe, Twin Palms Press, 2002.

Du Plessix Gray, Francine, *Simone Weil*, Londres, Viking, 2001.

Hass, Robert, «Meditations at Lagunitas», *Praise*, Nueva York, Ecco Press, 1990. (Existe traducción al español: «Meditación en Lagunitas», *Una historia del cuerpo*, Barcelona, Kriller71, 2017).

Nabhan, Gary Paul y Stephen Trimble, *The Geography of Childhood. Why Children Need Wild Places*, Boston, Beacon Press, 1994.

Guirnaldas de margaritas

Batchelor, Stephen, *Buddhism without Beliefs. A Contemporary Guide to Awakening*, Nueva York, Riverhead Books, 1997. (Existe traducción al español: *Budismo sin creencias: una guía contemporánea para despertar*, Madrid, Gaia, 2008).

El azul de la distancia

Barker, Pat, *Regeneration*, Londres, Viking, 1991. (Existe traducción al español: *Regeneración*, Barcelona, Galaxia Gutenberg, 2014).

Covey, Cyclone (ed.), *Cabeza de Vaca's Adventures in the Unknown Interior of America*, Albuquerque, University of New Mexico Press, 1983. (En el texto se cita la versión de *Los naufragios* de Álvar Núñez Cabeza de Vaca por José María Merino, Madrid, Castalia Ediciones, 2012).

Demos, John, *The Unredeemed Captive*, Nueva York, Alfred A. Knopf, 1994. (Existe traducción al español: *Historia de una cautiva*, Madrid, Turner, 2002).

Jefferson Mayfield, Thomas, *Indian Summer: Traditional Life among the Choinumne Indians of California's San Joaquin Valley*, Berkeley, Heyday Books/California Historical Society, 1993.

Kestler, Frances Roe, *The Indian Captivity Narrative: A Woman's View*, Nueva York, Garland, 1990.

Schmidt Hacker, Margaret, *Cynthia Ann Parker, the Life and the Legend*, El Paso, Texas Western Press, 1990.

Abandono

Wojnarowicz, David, *Close to the Knives: A Memoir of Disintegration*, Nueva York, Vintage, 1991.

El azul de la distancia

Coe, David Allan, «Would You Lay with Me (in a Field of Stone)?», canción de 1973.

Dill, Danny y Marijohn Wilkin, «Long Black Veil», canción de 1959.

Dinesen, Isak, «The Young Man with the Carnation», *Winter's Tales*, Nueva York, Random House, 1942. (Existe traducción al español: «El joven del clavel», *Cuentos de invierno*, Barcelona, RBA, 1994).

Dylan, Bob, «Wanted Man», canción de 1969.

Hecht, Don y Alan Block, «Walking After Midnight», canción de 1956.

Wayne, Don, «No Man's Land», canción de 1973.

Dos puntas de flecha

Craft, Jeff y Aaron Leventhal, *Footsteps in the Fog: Alfred Hitchcock's San Francisco*, Santa Mónica, Santa Monica Press, 2002.

El azul de la distancia

Brown, Lloyd Arnold, *The Story of Maps*, Boston, Little, Brown, 1949.

Charlet, Nicolas, *Yves Klein*, París, Adam Biro, 2000.

De Menil, Dominique *et al.*, *Yves Klein, 1928-1962: A Retrospective*, Houston, Institute for the Arts, Rice University, 1982.

Leighly, John, *California as an Island: An Illustrated Essay*, San Francisco, Book Club of California, 1972.

McLaughlin, Glen y Nancy H. Mayo, *The Mapping of California as an Island*, Saratoga, California Map Society, 1995.

Skelton, R. A., *Explorers' Maps*, Londres, Routledge y Kegan Paul, 1958.

Stich, Sidra, *Yves Klein*, Stuttgart, Hatje Cantz, 1994.

Turchi, Peter, *Maps of the Imagination: The Writer as Cartographer*, San Antonio, Trinity University Press, 2004.

Whitfield, Peter, *New Found Lands: Maps in the History of Exploration*, Londres, British Library, 1998.

Žižek, Slavoj, «On Abu Ghraib», *London Review of Books*, 3 de junio de 2004.

Una casa, una historia

Griffin, L. Martin, *Saving the Marin-Sonoma Coast*, Healdsburg, Sweetwater Springs Press, 1998.

Laird, Carobeth, *Encounters with an Angry God: Recollections of My Life with John Peabody Harrington*, Albuquerque, University of New Mexico Press, 1993 [1975].

—, *The Chemehuevis*, Banni, Malki Museum Press, 1976.

Manly, William, *Death Valley in 49*, Bishop, Chalfant Press, 1977 [1894].

Índice

Este libro de Rebecca Solnit se compuso en
Garamond Premier Pro y Scala Sans Pro.
La tapa se imprimió sobre papel ilustración
de 270 gramos y el interior sobre papel
Bookcel de 65 gramos.

Una guía sobre el arte de perderse
se terminó de imprimir en abril de 2022
en Latingráfica, Rocamora 4161, Ciudad de Buenos Aires.